Alfred Adler
Menschenkenntnis

Fischer Taschenbuch Verlag, 1973 (Original: 1926)

序　言

本書はできるだけ多くの読者に、個人心理学の揺るぎのない基礎と、それの人間を知るために持っている価値、同時に、人と関わり、自分自身の人生を築くために、人間を知ることが重要であることを示すことを目指している。本書のもとになったのは、私が、ウィーンのフォルクスハイムにおいて何百人もの聴衆の前で一年にわたって行った講演である。本書の主たる課題は、まず、社会におけるわれわれの行為や活動の誤りが、個人の誤った態度から生じるということを理解すること、次に、個人がその誤りを認識すること、第三に、社会関係によりよく適応することである。

ビジネスや学問における誤りは、たしかに嘆かわしいものであり有害であるが、人間知における誤りは、大抵、致命的なものになる。われわれの〔個人心理学という〕科学の熱心な協力者が、われわれのサークルを大きく超え、本書で示される確認や経験の全貌を、われわれの先人と同様、把握したいと思うことを私は希望したい。

私はここでブローザー法学博士に心から感謝しないわけにいかない。博士は、私の講演のほとんどすべてを綿密に記録し、配列、整理してくださった。博士の助力なしには、本書は生まれなかったといっても過言ではない。

また、私の娘であるアレクサンドラ・アドラー医学博士にも感謝する。彼女は校正に目を通し、私がイギリスとアメリカで個人心理学の新しい友人を得ようとしていた時に、本書を完成させた。

Ｓ・ヒルシュ出版は模範的な仕方で、本書の刊行を促し、周到にその準備をした。個人心理学は、このことのために、特別の感謝をしなければならない。

私の講演とそれをまとめた本書が、人類の道を照らすという目的に役立つことを願う。

アルフレッド・アドラー

ロンドン　一九二六年十一月二十四日

目次

序言　3

序論　9

第一章　人間の精神　22

精神生活の概念と前提　22　精神器官の機能　23　精神生活における目標追求性　24

第二章　精神生活の社会的性質　32

絶対の真理　32　共生への強制　33　安全と適応　35　共同体感覚　38

第三章　子どもと社会　40

乳児の状況　41　困難の影響　43　社会的存在としての人間　49

第四章　外界の印象　51

世界像　51　世界像発達の要素　54　知覚　54　記憶　55　想像　56

空想　63　夢（全般的考察）　66　感情移入　67　他者への影響（催眠と暗示）　69

第五章　劣等感　76

初期の子ども時代　76　劣等感の補償——評価と優越性追求　79　ガイドラインと世界像　87

第六章　人生への準備　99

遊び　100　注意と注意散漫　102　過失と健忘症　105　無意識　106　夢　116
知能　127

第七章　男女関係　129

分業と両性　129　現代文化における男性の優位　131　女性の劣等性についての偏見　139
女性の役割からの逃避　144　両性間の緊張　156　改善の試み　158

第八章　きょうだい関係　161

訳　注　171

解　説　175

人間知の心理学

序論

人間の運命はその心にある（ヘロドトス[1]）

人間の本性について知るためには、不遜であったり、傲慢であってはならない。そのためには謙虚さがなければならない。それを知ることは、われわれに、ここに人類がその文化の始まりから携わってきた大きな課題があるということを教える。それは、人類が目標を意識することなく、非体系的に着手したものであり、それゆえ、人間知を意のままにできたのは、わずかな専門家だけだったが、これはこの学の弱点である。即ち、先入見にとらわれることなく人間についての知を調べてみれば、大抵、役立たないことがわかる。われわれは皆、人間についてほとんど知らないのである。それはわれわれが〔社会から〕孤立して生きていることに関係する。かつては、人間が今日ほど孤立して生きることはなかった。既に子ども時代から、われわれは〔他者と〕ほとんど繋がりを持っていない。家族もわれわれを〔社会から〕孤立させる。われわれの生き方の全体も、科学の発展や人間を知るために絶対に必要な仲間との親密な結びつきを許さない。人を知ることと、人と結びつくことは、相互に依存する二つの契機である。なぜなら、他者が〔人について〕よりよい理解を欠いていると、あまりにわれわれに疎外感を起こさせるので、われわれの方も、他者と結びつくことができないからである。

人間について知らないことの最も重要な帰結は、われわれが仲間と関わり、仲間と共生することに大抵失敗しているということである。人が互いにすれ違い、話がかみ合わず、一致点を見出せないということは、しばしば際だって厳しい事実である。これは、社会という広い範囲の中だけではなく、家族というきわめて狭い枠内においても、互いに未知なる者として向き合っているからである。親が子どもを理解できないとか、子どもが親に理解されることはないだろうという嘆きをしばしば聞く。しかし、人が共同して生きるためには、互いを理解することが、基本的な条件として必要である。人をよりよく知れば、人はずっとよく共生することができるだろうが、その共生の妨げとなるものがなくなるだろうからである。共生が妨げられるのは、われわれが互いのことを知らず、外面的なことによって欺かれ、他者の外見に騙されるという危険に曝されているからである。

この〔人間の本性という〕途方もない領域において人間知と名づけられる学問を確立することが、なぜ医学の側から試みられなければならないか、この学問がどんな前提を持っているか、そして、それにはどんな課題があって、どんな結果がそこから期待できるかを説明しよう。

とりわけ精神医学自体が、既に、人間知を最も差し迫った仕方で必要とする学問である。精神科医は可能な限り速やかに精神を病んでいる人の精神生活を洞察しなければならない。医学のこの領域においては、患者の精神の中で何が起こっているかがはっきりとしている時にだけ、有効な診断をし、処置と治療を行ったり提案できる。ここではうわべだけのものはなく、診断を誤れば、ただちに患者を苦しめることになり、正しく把握すれば、治療は、大抵、成功するのである。それゆえ、〔人間知は〕かなり厳格で速やかに吟味される。社会生活においては、人を判断する時に誤っても、そのことの結果がすぐに出るわけではない。たしかに、その場合でも、判断を誤れば、苦痛をもたらすが、そのことの反応が起こるのはあまりに後のことなので、大抵は、もはや連関を把握することはできず、ある人についての判断を誤ったことが、おそらくは数十年後になって重大な失敗と運命へと導いたことに驚くことになるのである。われわれは、このような状況から、繰り返し人間知の全体を獲得し、それを深めることが必要であり、そうしなければならないことを学ぶのである。

　われわれの研究で、われわれがすぐに知ったのは、多くの症例においてしばしば認められる精神異常、混乱、失敗は、根本においては、その構造からして、いわゆる正常な人の精神生活に見られないようなものは、何も含んでいないということである。同じ要素と前提があって、ただそれらがすべて〔精神病の場合は〕より際だってはっきりと現れるので、容易に認められるわけである。そこで、このような認識の長所は、異常なケースから学んだり、正常な精神生活と比較することで、最終的には、正常な関係にも鋭い目を向けられるようにする体験を集めることを可能にすることである。それは、どんな職業もわれわれに要求する、専心と忍耐を伴う訓練に他ならない。

　われわれが最初に発見したことは、人間の精神生活は、子ども時代の最も早くに刺激を受けて形成されるということである。このことは、それ自体としては、おそらく特別に大胆な発見ではない。同じようなことは、あらゆる時代の研究者に見出されてきたからである。しかし、この発見の新しい点は、最も早い子ども時代の体験を、後の時期におけるその人の状況や態度と比較することで、われわれが確認できる限りの子ども時代の体験、印象、態度決定を、後の精神生活の現象と結びつけて連関させようとしたことである。

　そこで、次のことが、特別に重要なことであることが明らかになった。即ち、精神現象の個々の現象を、決してそれ自体で完結した全体と見てはならないということ、そうではなく、精神生活のすべての現象を分割できない全体の部分として理解し、さらに、人間の運動の線、生き方の定式、ライフスタイルを発見し、子どもの態度の隠された目標が、後になってその人に見られる態度と同じであることを明らかにしようとする時にだけ、個々の現象について理解できるということである。要は、精神の運動の観点からは、何も変わらなかったということ、精神現象の外的な形として具体化され、言語に表現されたものなどの現象的なものは変わりうるが、基礎、目標、力動など、同じ精神生活の目標に向けて動くすべてのものは、変わらないままであったということである。

　例えば、患者が不安な性格を示し、いつも不信感に満たされ、他者から離れていこうとする時、その人は、同じ運動を既に三歳か、あるいは、四歳の時にしていたことを示すのは、容易なことだった。ただその時は、子どもらしい単純さで表されていて、見抜くことはもっと容易だったのである。それゆえ、われわれは、注目の重点を、常にまず第一に、患者の子ども時代に置くことを規則にした。こうして、われわれは、ある人について、誰からも聞かなくとも、その人の子ども時代から多くのことを推測できるまでになった。われわれは、その人について見たものを、最初の子ども時代の投影と見なしたのであり、年がいってもそこから離れることはないのである。

他方、われわれがある人から、子どもの時代のどんな出来事を思い出すかを聞き、それを正しく理解すれば、われわれの前にいる人がどんな人であるかがわかる。われわれは、ここで、人は人生の最初に育んだ原型であるライフスタイルから離れることは難しいというもう一つの認識を用いることになる。それから脱することができた人はほとんどいない。たとえ、大きくなってから、精神生活が、別の状況で別の仕方で現れ、そのために、違った印象を与えるとしてもである。これはライフスタイルが変化したということではない。精神生活は、変化したように見えても、同じ土台に基づいているのであり、人は同じ運動の線を示し、両方の年齢の段階で、即ち、子どもの頃も大人になってからも、目標は同じである、と推測することができるのである。

われわれが注目の重点を子ども時代に置かなければならなかったのは、変化を起こそうとする時、いわば上から人の無数の体験と印象を取り除こうとするのではなく、まず最初に、原型を見つけなければならないことを知ったからである。そうすることで、人の特性と、同時に、その人に顕著な病状を理解することができた。

そこで、子どもの精神生活を考察することが、われわれの学問の中心になり、われわれを十分勇気づけ、そこから学ぶことができた。多くの努力が、この人生の最初の数年の研究に捧げられた。

ここにはまだ調査されていない多くの資料があるので、なお長い時間がかかっても、誰もが、新しいこと、重要なこと、興味深いことを見つけることができる。

この学問は、われわれにとって、同時に失敗を予防する手段でもある。ただそれ自体のためにあるような学問は、人間知ではない。われわれは、このような認識に基づいて、ごく自然に教育の仕事に入っていき、長年これに関わってきている。教育の仕事は、人間知を重要な学問であると認め、それを体験して身につけようとする人にとっては誰にも豊かな鉱脈である。人間知は、本から得られる知ではなく、実践的に習得されるだろうからである。精神生活におけるどんな現象も、いわば共に体験し、自分の中に受け入れて、人の喜びと不安を共有しなければならない。ちょうど優れた画家が、肖像を描こうとする人の顔に、その人から感じ取ったことだけを描き入れることができるようにである。

そこで、人間知も芸術と考えなければならない。この芸術は、多くの道具を意のままに用いることができる。それは、他の芸術と同列に並ぶが、特定の人、詩人が非常に価値のある仕方で使ってきた芸術でもある。まず第一に、その目的は、より豊かな精神発展の可能性を創り出すために、われわれの知識を増やすことである。

この仕事においてしばしば出会う困難は、われわれ人間が、この点において、非常に過敏であることにある。何らの研究をしたことがなくても、自分を人間知に通じていると見なさない人はほとんどいない。自分を知る援助をしようとした途端に、傷つけられたと感じないような人はさらに少ない。このような人の中で、本当に人間知を欲しているのは、自分自身の体験から、あるいは、他者の精神的苦境を共感することで、人間の価値を何らかの仕方で知った人だけである。このような事情から、われわれの仕事においても、ある戦術が必要になってくる。なぜなら精神生活〔の探求〕から得られた認識を、唐突に目の前に突きつけられるほど敵意を起こさせ、批判的に見られることはないだろうからである。嫌われることを好まない人には、このような関係において注意するよう忠告するべきである。この学問を軽率に扱い、誤用すれば、例えば、食事の席で、隣人の精神生活についてどれだけ理解しているとか、あるいは、推測しているかをひけらかしたいと思うことは、自分の評判を落とす最適の方法である。同様に、この学説の根本的な見方を完成したものとして、知らない人に差し出すことも危険である。学説について既にいくらか知っている人ですら、そのことで傷つけられたと感じるのは、当然だろう。最初にいったことを繰り返そう。この学問は、謙虚であることを強いるということである。軽率に、あるいは、過剰に知識をひけらかすことを許さないということである。そのようなことをすることや、何でもできると誇ったり、自慢することは、子どもなら許されるかもしれないが、大人がそうすることは、不適切なことである。

　そこで、われわれは、ここで立ち止まって、自分自身を吟味をし、人間について知るためにどこかで獲得した知識で他の人を煩わすことがないよう提案したい。さもなければ、依然、成長段階にある学問とその目的にとって、新しい困難を創り出すだけである。そうすることで、われわれは、若者の、無論、熱心な若者の軽率からだけ生じる誤りを犯すことになるからである。われわれは、判断をする前に、最初に少なくとも完全なものに仕上げられた全体像を持っていなければならないということ、われわれが判断したことが誰かに益をもたらすことを確信する時にのみ、そうするように注意し、肝に銘じておくのがいい。なぜなら、正しい判断であっても、間違った仕方で正しくないタイミングで述べることは、多くの害を引き起こしうるからである。

　この考察を進める前に、一つの異論に向き合わなければならない。これはたしかに既に多くの人が思いついたことである。人の運動の線は変わらないままである、と先に私がいったことは、多くの人には理解できないように見える。なぜなら、人は人生で多くの経験をし、それが人の態度を変えさせることになるというのである。しかし、体験は多様に解釈できる、と考えなければならない。二人の人が、同じ一つの体験から同じ教訓を引き出すということはまずないだろう。人は何かを経験しても、そのことで賢くはならないのである。たしかにある種の困難を避けるようになるだろうし、それに立ち向かう時に、ある態度を身につけるようにはなる。しかし、人がその上を動く線は、そのことによって変わらない。われわれは、以下の考察において、多くのことを経験しても、ある特定の教訓を引き出すのだが、それは仔細に見ると、常に何らかの仕方で自分のライフスタイルに適し、ライフスタイルにおいて自分を強化するものだけが利用されるということを見るだろう。ドイツ語は、独自の感情をこめて、人は経験を「作る」というが、これは、人が経験をどう使うかは、自分で決められるということを示しているのである。

　実際、人が日々の経験からどれほど異なった結論を引き出すかを見ることができる。例えば、絶えず何か失敗をする人がいる。たとえ失敗したことを納得させることに成功しても、さまざまな結論を引き出すだろう。失敗を止める頃合いだろう、と結論づけるかもしれないが、こんなことはめったにない。こんなふうに答える人もあるだろう。もう長くそのようにしてきたので、もはや止めることはできない、と。また、自分が失敗したことを、親や、あるいは一般に、教育のせいにするかもしれないし、自分のことを気にかけてきた人は誰もいない、というかもしれないし、あるいは、甘やかされたとか、あまりに厳しく扱われてきた、というかもしれない。そして同じ誤りを続けるのである。しかし、こうすることによって、責任を取りたくないことを明らかにしている。このようにして、いつも注意深く、見かけの正当化を用いて自己責任から免れることができ、自分では責任を取ろうとはせず、いつも自分が達成できなかったことの責任のすべてを他の人に負わせるのである。

しかも自分では失敗を克服する努力をほとんどしない。むしろ、ある情熱をもって、誤りを続ける。悪い教育に責任があるとすることも、そうであるのが望ましいと思う限りは止めない。経験が多義的であること、そこから異なった結論が引き出せるという可能性は、今や、なぜ人はその歩み方（行動パターン）を変えず、自分の体験を歩み方に合うように歪めてしまうかをわれわれに理解させる。自分自身を知り、変えることは、人にとって最も難しいことであるように見える。

しかし、誰かがここで介入し、人をよりよくする教育をしたいと思っても、人間知の体験と発見を利用できないのであれば、困惑することになるだろう。おそらく以前と同様、表面的なことだけしか操作していない。〔それでも〕物事が新しくなったように見えたり、別の意味を持つようになるので、既にいかほどか変化させたと思うだろう。〔しかし〕実際のケースを見れば、このような介入によっては人を変化させることはほとんどないということ、運動の線そのものが方向を変えるのでなければ、いかにすべては再び消え去る見かけのことであるかを納得できるだろう。

そこで、人を変える過程は、容易なことではない。そのためには思慮と忍耐、とりわけ、どんな個人的な虚栄心も排除することが必要である。他の人がわれわれの虚栄心の対象にされる義務などないからである。その上、この〔人を変える〕過程は、他の人が気に入るようになされなければならない。常はおいしいと思う料理を、正しい仕方で出されなかったという理由で、それを拒否するというのは、もっともだからである。

しかし、人間知にはさらに他の、同様に重要な、いわばその社会的な面がある。人が互いにもっとよく理解しあうならば、ずっと仲良くやっていき、互いに近づくことになるのは疑いない。理解しあえば､互いに欺きあうことは不可能だからである。この欺くという可能性の中に､共同体にとっての恐るべき危険がある。われわれは、この危険を、われわれがこの学問へと導き入れる仲間に示さなければならない。彼〔女〕らは、人生におけるすべての意識されないもの、隠されているもの、偽り、仮面、策略、悪意を見分けなければならない。彼〔女〕らが働きかける人にそのことに注目させ、援助するためにである。そのためには、人間知を学び、意識的に〔社会的な〕意図を持って人間知を追求しなければならない。

そもそも誰がこの学問のデータを集め、研究ができるのかという問いも興味深い。この学問をただ理論的に追求することはできないということは既に述べた。あらゆる規則をただ知っているだけではまだ十分ではない。それを、自分がそれまで体験によって得たものよりも鋭く、深く見ることを学ぶために、研究から実践へ、さらに連関の発見と理解という、より高い研究の段階へと導いていくことも必ず必要である。これが、なぜわれわれが理論的な人間知を追求しているかという動機である。しかし、われわれは、この学問を、人生の中へと出ていき、ここで得られた根本命題を検証、応用することで、初めて生きたものにすることができるのである。先に見た問題がわれわれに起こるのは、われわれが受けた教育からはあまりにわずかで、しかし、多くの場合、正しくない人間知しか得られないからであり、したがって、われわれの現在の教育は、人間知を伝えるのに適していないからでもある。どこまで成長するか、読書や体験からどのような教訓を引き出すかは、それぞれの子どもに委ねられている。また、人間知を育成する伝統もない。そのうえ、人間知に関する理論もない。ちょうど例えば科学がまだ錬金術であったのと同じ状態にあるのである。

さて、われわれの教育制度の混乱の中で、人間知を獲得することに最も適している人は、まだ何らかの仕方で仲間と人生との接触を保ち、したがって、まだ楽観主義者か、あるいは、少なくとも闘う悲観主義者、即ち、批判主義がまだ諦念へと駆り立てていない人である。しかしそのような接触があることに加えて、体験がなければならない。

そこで、われわれは、次のような結論に達する。われわれの不完全な教育においては、真実の人間知には、今日、本来、次の人間のタイプだけが到達しうるということである。即ち、それは、人間の精神生活におけるあらゆる失敗の真っ直中にいて、そこから自ら救済された人、あるいは、少なくとも近くまで達した「罪を悔いている罪人」である。これは、無論、他の誰でも学ぶことができる。とりわけ、われわれがそのことを証明できた人、あるいは、感情移入の才能がことのほか与えられた人は、学ぶことができる。しかし人間知を持った最善の人は、たしかにこれらの激情を自らくぐり抜けた人である。罪を悔いている罪人は、われわれの時代においてだけではなく、あらゆる宗教が発展した時にも、最高の価値が認められ、何千の義人よりも、はるかに高いところにあるような人であるように見える。なぜこのようなことが起こるかと自問するならば、人生の困難から立ち上がり、〔悪の〕泥沼から抜け出て、それらすべてを投げ捨て、そこから立ち直る力を見出した人は、人生の善も悪も最もよく知っているに違いないということを認めなければならないからである。その〔知識の〕点において、他の誰もそのような人に匹敵しない。とりわけ〔善しか知らない〕義人は及ぶべくもない。

　人間の精神についての知識から、まったく自発的に義務と課題が生じてくる。それは、端的にいえば、人間の原型（ライフスタイル）が生きるために適当でないことが明らかである時に、それを破壊し、その人がそれを持ってあちらこちらをさまよっている誤った視点を取り除くことである。そして、この人の共生と幸福の可能性のためによりよく適している視点を持つことを勧めることであり、思惟経済[2]、あるいは不遜でないためにいうならば、ライフスタイル、ただし共同体感覚が際だった役割を果たしているようなライフスタイルを提示することである。われわれは、精神の発展の理想的な形に到達するという意図はまったく持っていない。しかし、しばしば既に、視点〔を示す〕だけでも、誤った人と失敗した人には、人生における大いなる助けであることがわかるだろう。なぜなら、誤った時に、道に迷ったということを確実に感じるからである。すべての人間の出来事を、原因と結果の連続であると見なす厳格な決定論者は、このように考えることで、決してまったく間違っているというわけではない。なぜなら、人の中でなお力と動機が生き生きとしたものになるならば、即ち、自分の中で何が起こり、どんな源泉から生じてくるのかについての自己認識と理解が増せば、因果律はまったく別のものとなり、体験の影響がまったく別のものになることは、確かだからである。その人は別の人になったのであり、それゆえ、おそらく決してその知識を放棄することはできないだろう。

第一章　人間の精神

精神生活の概念と前提

精神を持つこと（意識）は、本来、運動し、生きている有機体にだけ帰されるものである。精神は、自由な運動と最も密接に関係している。深く根を下ろしている植物には、精神生活（意識）はほとんどなく、それはまったく余計なことであろう。深く根を下ろしている植物に感情や思考を期待することは、途方もない考えである。どんなにしても動くことができないが、苦痛を予期しているはずだとか、苦痛を予見しているが、しかし苦痛から身を守れないとか、あるいは、植物は理性や自由意志を持っているが、始めからこの意志を用いることが排除されているという考えである。植物の意志や理性は、いつまでも生まれないだろう。

そこで、われわれは、このように〔運動と精神生活には〕連関があるので、精神生活がない植物を動物とは厳密に区別できることがわかり、同時に、運動と精神生活の連関の中にある大きな意味に注目する。このように考えることから次のことがわかる。即ち、精神生活の発達においては、運動に連関しているすべてのことが理解されなければならず、精神の発達は、既に場所移動に関わるあらゆる困難に結びつくことがあり、この精神生活は、人生の活動的実践に役立てるために、予見すること、体験を集めること、記憶力を発達させることに適しているということである。なぜなら、この動くことができるということが、刺激を与え、精神生活をいっそう強めることを促し、要求するからである。どんな運動も禁止されているような人を想像してみよう。その人の精神生活の全体は停止の宣告を受ける。「自由のみが偉大をうむ。強制は、人を殺し堕落させる[1]」

精神器官の機能

この観点から精神生活の機能を見れば、ここでは、生命体の状況が攻撃を求めるのか、あるいは、安全を求めるのかに応じて、それが置かれている環境に反応するための生まれつきの能力である攻撃、防御、保護あるいは予防器官の発達について考察していることが明らかになる。そこで精神器官は、人間という有機体が存続することを保証し、その発達を確かなものにするために、世界に対して反応しなければならない攻撃手段と安全手段の複合体と見なすことができる。この条件をひとたび確認すれば、われわれが精神と見なすものを理解するために重要なさらなる条件が、明らかになる。孤立した精神生活を想像することはできないということである。われわれが想像できる精神生活は、まわりのすべてのものと結びつけられ、外からの刺激を受け入れ、何らかの仕方でそれに応答し、有機体をまわりの世界に対立して、あるいはそれと結びついて、確かなものにし、その生を保証するために必要な可能性と力を自由に用いる。

われわれに明らかになる連関は多様なものである。それは、まず有機体自体に、即ち、人間の特性、身体性、長所と短所に関わる。しかし、これらはまったく相対的な概念である。何かの力や器官が、長所なのか、あるいは短所なのか、その意味は絶対的には決められないからである。どちらも個人が置かれている状況から生じるものである。例えば、人間の足が、ある意味で、退化した手と見られることは知られている。このような退化した手は、木に登る動物には、不都合である。しかし、地上を歩く人間には、長所なのであって、誰もこの足の代わりに普通の手を持ちたいとは思わないだろう。総じて、あらゆる人の生活におけるのと同様、個人の生活においては、劣等性は、あたかもそれが常に短所という重荷を自らのうちに持っていると解されるべきではなく、これが決定される状況こそ重要なのである。人間の生活は、昼と夜の変化、太陽の支配、原子の動きなどのような宇宙的な自然のあらゆる要求と関係しているが、われわれは、この関係についても途方もなく広い観察領域が生じることを予感している。これらの影響も、わわわれの精神生活の特性と緊密に結びついているのである。

精神生活における目標追求性

われわれが精神の活動から最初に理解できることは、その運動が目標に向かっているということである。それゆえ、人間の精神をあたかも静止した全体であると想像するのは、誤った結論であるということを確認しなければならない。人間の精神は、自ら運動する力という形においてのみ想像できるのである。この力は、無論、統一された根拠から発し、統一された目標を追求する。既に適応という概念において、この目標追求性はある。目標なしには精神生活を想像することはできない。精神生活の中に含まれる運動と力動は、この目標に向かって展開されるのである。

そこで、人間の精神生活は、目標によって規定される。考えることも、感じることも、欲することも、そればかりか夢を見ることも、これらすべては規定され、条件づけられ、制限され、方向づけられるのでなければできないのである。これは有機体と外界からの要求との関係、有機体がそれに対して与えなければならない答えとの関係からほとんど自ずと生じてくる。人間の身体と精神の現象は、このように設定された根本見解に対応している。精神の発達は、先に述べた枠内においてのみ、先に述べた力の作用から自ずと生じてくる、何らかの仕方で思い浮かぶ目標に向けられるものとしてしか考えることができないのである。目標そのものは、変わるものとも不動のものとも考えることができる。

それゆえ、すべての精神の現象は、何かきたるべきものへの準備であるかのように理解することができる。精神の器官は、目標を前に持っているとしか見ることはできない。個人心理学は、人間の精神のすべての現象を、一つの目標に向けられているかのように見なすのである。

われわれがある人の目標を知っており、世間でもそれがいくらか知られているならば、その人の表現運動が何を意味するのかもわかり、その意味をこの目標への準備として理解することができる。

そうすれば、この人が、その目標を達成するためにどんな運動をしなければならないかもわかる。例えば、石を地面に落とす時、石が取らなければならない道を知っているようにである。ただし、人は自然法則を知らない。心に浮かぶ目標は固定したものではなく、変わりうるからである。しかしそれでも誰かが目標を思い浮かべる時、精神の活動は、ここでも人がそれに従って行動しなければならない自然法則が支配するかのように、必然的に進行する。しかし、精神生活にあるこの法則は、自然法則のようなものではないということ、人は、この領域において、自分の法則を自ら作るということを意味する。その法則が、その人に自然法則のように見えるとすれば、その人の認識の迷いである。なぜなら、それが変えることができないということ、それが決定されたものであると信じて、変わることができないということを証明しようとする時、そのことに一役買っているのである。例えば、ある人が絵を描こうとする時、その人には、このような目標を持っている人に特有なあらゆる態度を見ることができる。その人は、自然法則があるかのように、絵を描くことに属するあらゆることを無条件の首尾一貫性を持って行うだろう。しかし、その人には、そもそもこの絵を描かなければならない必然性があるのか?

したがって、自然の運動と人間の精神生活における運動には違いがあるのである。ここに、人間の意志の自由をめぐる論争が結びつく。今日では人間の意志は自由ではないかのように説明されているように見える。それが目標に結びつけられるや否や、人間の意志が自由でないというのは、正しい。そして、これは、非常にしばしば人間の宇宙的、生物的、社会的な制約から生じてくるので、当然、精神生活は、不変の法則の下にあるかのように見えるのである。しかし、例えば、社会との結びつきを否定し、社会と闘って、現実に適応しようとしない時、精神生活の見かけの合法性は、そのすべてが失われ、まさにこの新しい目標に制約される新しい合法性が現れる。同様に、人生に絶望し、仲間との結びつきを抹消しようとする人には、共同体の法則はもはや拘束するものではなくなる。したがって、われわれは、ある目標を設定することによって初めて、精神生活における運動は、必然的に生じるということを確認しなければならない。

　逆に、人の運動から、その人が思い浮かべている目標を結論づけることができる。本来、このことがより重要である。なぜなら、多くの人は、しばしば自分の目標をはっきりとは知らないからである。実際、これが通常われわれが人間について知るために行わなければならないことである。運動は、多義的なので、最初の道ほどは簡単ではない。しかし、人の〔行動の〕多くの例を取り出して、それらを比較して、線を引くことができる。人生の二つの互いに異なった時期の態度や表現形式を一本の線で結びつけることによって、人を理解することができる。そうすることで、体系を手に入れることができ、それを用いることで、方向が統一されているという印象を得ることができるのである。その際、子どもの時のライフスタイルが、いかに後の人生にまで、しばしば驚くべき仕方で、再び見つけられることがわかる。一つの例がこのことを明らかにできるだろう。

　三十歳の並外れて野心のある男性が、困難な子ども時代を送ったにもかかわらず、名声を得て、成功した。その男性が、極度の鬱状態で医師の診察を受け、働く気力が、それどころか生きる気力がわかない、と訴えた。婚約を控えているのだが、将来に不安を持っている、という。激しい嫉妬心に悩まされ、婚約がいずれ解消される危険がある、という。彼がここであげる事実は、あまり説得力はない。〔婚約者の〕女性には責めるべき点は何一つなかったからである。彼が示す顕著な不信感は、彼は自分が引かれていると感じる人に近づくが、同時に、その人に攻撃的な態度を取り、そうなると不信感でいっぱいになり、築こうとしたものを破壊しようとするような多くの人の一人ではないかという疑いを強めることになる。

さて、先に述べたように、彼の人生から一つの出来事を取り出して、それを彼の現在の態度と比較してみよう。いつもそうするように、われわれは子どもの時代の最初の印象をたずねる。もっともわれわれが聞くことは、常に客観的に証明できるわけではないことは知っているのだが。彼の早期回想は次のようなものだった。彼は母親と弟と市場にいた。市場は混んでいたので、母親は兄である彼を抱いた。〔しかし〕母親は間違いに気づいて、再び彼を下ろして、弟を抱いた。彼の方は、そこでしょんぼりして母親の脇を歩いて行った。その時、彼は四歳だった。すぐに気づくように、この回想が再現される時、われわれがつい今し方彼が苦しみを語った時に受け取ったのと同じ響きを聞いているのである。彼は自分が気に入られているということを確信できず、誰か別の人が自分よりも気に入られることがありうると考えなければならないことに耐えることができないのである。この事情が明らかにされた時、彼は大いに驚いたが、連関を直ちに認識した。

人のすべての表現運動は、ある目標へと向けられていると考えなければならないが、その目標は、外界によって子どもに伝えられた印象の影響の下で生じるのである。人が目標にする理想は、既にその人生の最初の数年に形作られる。その時、既に、子どもが喜んで、あるいは、不快をもって応答する感覚が働いているからである。そこでは、ただ未発達なものであっても、世界像の最初の兆候が既に現れている。そこで、われわれが知ることができる精神生活の要因のための基礎は、既に乳児期に置かれている、ということができる。これらの要因は、その後、ますます拡大され、影響を受けて変化し、子どもに何らかの態度で人生の要求に応えることを強いる非常に多様な印象がすぐに生じてくる。

　そこで、人の性格特性は、既に、その乳児期に認めることができる、と強調し、それゆえ、多くの人が性格は生まれつきのものであると主張する多くの研究者のいうことにも一理はある。しかし、人の性格は両親から遺伝するという見解は、非常に害がある、と断言できる。なぜなら、そのような見解は、教育者が自信を持って課題に取り組むことを妨げるからである。この仮定を強化するのは、性格が生まれつきのものであるという見解が、大抵、その仮定を採用する人の責任を軽減し、それを逃れさせるために用いられるという事情にある。しかし、そのことは、当然、教育の課題と矛盾する。

　目標を立てる時に作用する重要な条件の一つは、文化の影響によって与えられる。文化によって、いわば、枠が設定される。子どもの力は、繰り返しそれにぶつかるが、ついに通れるように見え、希望の充足、未来への安全と適応を約束する道を見出す。子どもが要求する安全がどれほど強いものか、文化に献身することがどれほどの安全を子どもに与えるかは、すぐにわかる。それは、ただ危険から安全であることではなく、よく整えられた機械のように、人間の有機体の維持をさらによく保証する安全係数が求められる。子どもは、与えられた限度を超えて、ただ生きることと穏やかな成長のために必要であるとされる以上の安全、欲求の充足を過剰に要求することによってこれを手に入れる。しかし、そうすることで、新しい運動が精神生活に生じる。われわれがここで認める運動の線は、明らかに、優越の線である。

　子どもは、大人と同じように、他の誰よりも多くのものを得ようとし、子どもに始めから定められていた安全と適応を与え保証する以上の優越を得ようと努力するのである。このようにして、子どもは、揺れ動き、精神生活に動揺や不安が生じ、さらにそれは何倍も強化される。例えば、世界がより強く応答することを強制することを想像しさえすればいい。あるいは、苦境にある時には、精神は不安になり、自分の課題を解決するだけの力がないと信じる時、それを回避しようとすることが見られ、優越性の要求がさらに明らかに現れる。

　その際、人が大きな困難を回避することで、そこから逃れようとする仕方で、目標設定がされることもありうる。ここでは、われわれが報告した最も人間的なものを含む人間のタイプを確認することができる。即ち、困難を前にしてひるむか、あるいは、自分に課せられた条件を、少なくとも一時的に回避するために逃げ場を探すようなタイプである。このことは、人間の精神の反応は、決して固定した絶対的なものではなく、決してそれ自体では絶対の正しさを必要としない一時的な答

に必要な速い足を持たず、強い獣の持つ筋力を使えず、猛獣の牙、鋭敏な聴覚、鋭い視力も持っていない。人が自分の生存権をまず確保し滅亡から守るためには、途方もない努力が必要である。人間の食物は、独自なものであり、その生活様式は、高度な保護を必要とするのである。

今や、人間は、ことのほか望ましい条件下にある時にだけ生存することができたことが理解できる。しかし、集団生活がこれらの条件を作り出したのであり、そのように生きることが、必ず必要であることが明らかになった。共生だけが、分業という形で、人がそこで従事しなければならない課題を成し遂げることを可能にしたからである。この分業だけが、攻撃と防御のための武器、総じて、自分を主張するために必要で、今日、われわれが文化という概念でまとめているすべてのものを作ることができたのである。子どもたちがどれほど多くの困難のもとに生まれてくるか、出産においてはどれほどの世話が必要か、そして、それがどんなに苦労しても、おそらく個人では成し遂げることはできず、分業することで、初めて成し遂げられるか。また、人は、動物界における以上に、とりわけ乳児期において、どれほど多くの病気や障害に曝されているか。これらのことを考えれば、人間社会の存続を確かなものにするためには、途方もない量の世話が必要であることがおそらくわかるだろうし、明らかに、この〔生存と集団生活の〕連関が必要であることを感じるだろう。

安全と適応

以上詳しく述べたことに基づいて、次のことを確認しなければならない。自然の観点から見れば、人間は劣等な生き物であるということである。しかし、この劣等であることは、不足していて安全ではないという感覚として人の意識から離れることはない。そのことが、絶え間なく刺激となって、この生に適応でき、自然において、人間の立場が不利ではないよう状況を作り出すように予め備える方法を発見させることになった。

そして、人を適応させ安全でいられる能力を持っていたのも、人間の精神器官だった。このように、もともとは動物と同じ状態にあった人間が、進化という現象の助けを借りて、角や、爪、あるいは牙というようなものを生み出して、敵対的な自然に対抗しようとしたのなら、はるかに困難なことになっていただろう。実際には、精神器官だけが、すみやかに助けとなったのであり、それが有機体としての価値において欠けていたものを代償したのである。そして、不完全であるという絶え間なく感じることから発した刺激こそが、人間の予見能力を発達させ、思考、感覚、行動の器官として今日見出されるような精神の発達をもたらしたのである。そして、精神器官の助けを借りて、適応する努力をした時に、社会も本質的な役割を果たし、精神器官は、最初から、共同体の条件を考慮に入れなければならなかった。精神器官の能力は、すべての社会生活がその中に含まれる基礎の上で発達する。人間のどんな思考も、共同体にとって適応しうるものでなければならなかったのである。

さて、進歩がいかに進行したかを想像すれば、普遍的に妥当することを要求する論理の起源にまで達する。普遍妥当的なものだけが、論理的である。共同体として生きることのもう一つの明らかな結果は、言葉に見ることができる。言葉は、人間を他の生物からとりわけ際だたせる奇跡の業である。言葉のような現象から普遍妥当性という概念を切り離すことはできない。そのことは、言葉が人間の共生にその起源があるということを示している。言葉は、一人で生きる人には、まったく余計なものである。言葉は人間の共生を前提にするのであり、それの産物であり、同時に、人を結びつける手段である。この連関の強い証拠は、他の人と結びつくことが難しかったり、あるいは、妨げられる、あるいは、この結びつき自体を拒むような条件のもとで成長した人は、ほとんど例外なく、言葉や言葉の能力の不足に悩むということである。この結びつきは、あたかも、他の人との結びつきが保証される時にだけ形作られ、保持されるかのようである。

　言葉は、人間の精神生活の発達にとって、きわめて深い意味を持っている。論理的思考は、言葉を前提して始めて可能である。言葉は概念を形成することを可能にすることによって始めて、われわれは区別をし、私的な所有ではなく、共有財産である概念を作り出すことができるのである。われわれの思考も感情も、普遍妥当性が前提とされる時にのみ理解できるのであり、われわれが美しいものを見て喜びを感じるのも、善と美に対する感情や認識は、共有されるに違いないと理解することによってのみ基礎づけられる。われわれは、そのようにして、理性、論理、倫理、美意識という概念が、人間の共生の中にのみ、その起源を持ちうるということ、しかし、それらの概念は、同時に、文化を崩壊から守ることができる結合手段であるという認識に達するのである。

　願望も、個々の人の状況から、理解できる。意志は、不足感から充足感に達する心の動きである。この線が浮かぶのを感じ、踏み込むことが、願望という意味である。どんな願望も、不足感、劣等感を考慮に入れ、充足、満足、価値充満の状態を得ようという強制と傾向を呼び起こす。

共同体感覚

今やわれわれは、人類の存続を確かなものにするために必要だった規則、教育、迷信、トーテムとタブー、律法が、まず第一に、共同体の理念に適合したものでなければならないことを理解する。われわれは、そのことを既に宗教の制度において見た。われわれは、共同体の要求〔に応じること〕を、個人においても社会においても、精神器官の最も重要な機能である、と見ている。われわれが正義と呼んでいるもの、人間の性格における最も重要な面であると見ているものは、本質的には、人間の共生から流れ出た要求の充足に他ならない。これが精神器官を形作ったのである。そこで、信頼性、誠実、率直、真理愛などは、本来、共同体の普遍妥当的な原理によって立てられ、維持される要求である。われわれがよい性格、あるいは悪い性格と呼ぶものは、共同体の視点からのみ判断できる。学問、政治、あるいは芸術の業績は、それらが、常に普遍的な価値を持っていることによってだけ偉大であり、価値があるといえる。われわれが個人をはかる理想像は、万人にとっての価値や有用性を考慮して成立する。われわれが個人を比較するのは、共同体の人間、即ち、自分の前にある課題を共同体に有用な仕方で克服する人、共同体感覚を、フルトミュラー[2]の表現によれば、「人間社会の規則に従う」まで発達させた人の理想像によってである。いかなる完全な人も、共同体感覚を育成し、十分実践するのでなければ、成長することはできないということが、やがて明らかにされるだろう。

第三章　子どもと社会

共同体は、多くの要求をすることで、われわれの人生のあらゆる規範と形に、さらに、われわれの心にも影響を与える。社会は有機的な基礎を持っている。共同体は、人間に二つの性があることにおいて、個人と結びついている。〔男女が〕孤立してではなく共同体〔を作ってそ〕の中で生きることが、生きる意欲を生み、安全と生きる喜びを保証する。子どもがゆっくりとしか成長しないことを見れば、人間の生は、保護する社会がなければ、発展できないことがわかる。さらに、人が結びついて生きていくためには、分業しなければならなくなった。そのことは、人を孤立させることなく、互いに結びつけた。誰もが他の人を助けるという課題を持っており、他の人と結びついていると感じなければならない。このようにして、人の心の中で何らかの仕方で要求として見出される〔人と人との〕大きな結びつきが生じるのである。生まれるとすぐに子どもが見出すことになるいくつかの結びつきについて、以下において考察する。

乳児の状況

共同体からの援助を大いに必要とする子どもは、ギブアンドテイクの、要求もするが必要なものを満たすような環境に直面する。〔この環境において〕子どもは、欲求の充足を阻むいくつかの困難にあう。その困難を克服することは、苦痛をもたらす。すぐに自分が子どもであることに由来する苦境があることを知る。そこで、子どもは精神の器官を働かせて、予見し、自分の欲求を難なく満たすことができ、まずまずの人生を送ることを可能にする方向線を見出す。子どもは、欲求を自分よりもずっと容易に満たすことができ、したがって、自分よりも優っている人がいることにすぐに気づく。

それゆえ、子どもは、戸を開けたり物を持ち上げられるように背が高いことや、力があること、命令し、服従することを要求できる地位を〔過剰に〕高く評価するようになる。子どもは、大人と同じほど強くなる、あるいは、より強くなって、自分のまわりに子どもを集めて劣っているように扱う大人よりも優りたいと憧れるようになる。しかし、子どもであるという弱さは、いかんともしがたく、子どもが大人がそれによって力を行使していると見る手段で自分の意志を押し通すか、大人が何とかしなければならないと思うような弱さを表す。人間の心の傾向が、このように分かれることは、子どもにいつも見られる。

既にここに性格のタイプが、形成され始める。ある子どもたちは、認められることを要求し、力を得てそれを示すという方向に発達し、別の子どもたちは、自分自身の弱さについて考え、様々な形でその弱さを示すように見える。子どもがどちらのタイプなのかは、子どもの態度、表現、眼差しを思い起こしさえすればいい。これらのタイプは、いずれも、その環境を理解して初めて意味を持つ。その動きも大抵環境を反映しているのである。

　次のような単純な条件があれば、即ち、弱さを克服したいと子どもが努力すれば、子どもは成長するのであり、それはまた、多くの能力を展開させる刺激にもなる。子どもが置かれている状況は、非常に多様である。子どもに、世界は敵対的であると思わせる印象を与えるような環境がある。子どもがこのような印象を持つのは、その思考が不完全だからである。ここで教育が防止しなければ、この子どもの心は、後に外界を総じてただ敵対的な領域として見るようになることもありうる。この〔世界が〕敵対的であるという印象は、子どもが大きな困難にあえば、たちまち強められる。このことは、とりわけ劣等器官を持った子どもに起こる。そのような子どもは、自分の環境を、器官に劣るところなく生まれた子どもとは違った仕方で、受け止めるだろう。この器官劣等性は、運動の困難、個々の器官の障害、身体の抵抗力が弱いことに表されるので、様々な病気にかかりやすい。

　しかし、困難の原因は、子どもの器官が弱いことに常にあるとは限らない。無理解なまわりの人間が、子どもに無理なことを課することにもある。あるいは、課題が軽率に与えられるということもある。要は、外界の困難として生じる子どもの環境の欠陥にあるのである。なぜなら、環境に適応しようとする子どもは、突然、この適応を困難にする障害を見出すからである。例えば、既に勇気を失い、容易に子どもに伝染するような悲観主義に満たされている環境の中で、子どもが成長するような場合である。

困難の影響

子どもが様々な面から、そして様々な原因から、困難に直面する時、とりわけ、子どもの精神生活が、まだ自らを発達させる経験を十分持っていないことを考慮すると、外界の避けることができない条件にぶつかる必要が起こると、子どもが間違った答えをすることを覚悟しなければならないことは明らかである。多くの誤りを見れば、ここでは、生涯にわたって絶え間なく止むことなく、前へ進んで、正しい答えを与えようとする精神生活の発展を問題にしなければならないことに思い当たる。われわれが、とりわけ、子どもの表現運動において見なければならないことは、人が成長し、成熟に近づいた時に、一定の状況において与えるであろう答えの形である。この答え、つまり、人の〔状況に対して取る〕態度は、われわれに、その精神の特性を知る根拠を提供する。それと共に、人の、そしてまた集団の表現の形を、ただちにタイプに従って判断してはいけないということに注目しなければならない。

子どもが精神生活を発達させる時に闘わなければならず、通常、ほとんど例外なく共同体感覚を不完全なものにする結果をもたらすことになる困難は、次の二つに分けることができる。一つは、文化が不完全であることに由来し、子どもや家族の経済的状況に表される困難である。もう一つは、身体器官の劣等性から生じる困難である。元来、子どもを取り囲むすべての文化は、完全に発達した器官を持った人の力と健康だけを考慮するような世界なので、われわれが問題にする子どもは、重要な器官に関して欠点を持っているために、人生の要求に応じることができないのである。例えば、歩き始めるのが遅かったり、あるいは、総じて、運動することが困難な子ども、また、話し始めるのが遅かったり、脳の活動の発達が、われわれの文化が期待する子どもよりも長い時間がかかるので、長く不器用であるような子どもである。このような子どもたちが、絶え間なく躓き、動きが鈍く、身体も心も苦しまなければならないことは知られている。彼〔女〕らは、たしかに自分たちのために作られたのではない社会において快適ではない。このような発育不良によって規定された困難は、非常にしばしば見られる。おそらく、時間の経過と共に、自ずから調停が行われ、持続する障害が残らないという可能性はあるが、これは、子どもが、成長する間に、しばしば、この子どもの後の人生において現れることになる精神的な苦境が、心の中に沈殿し、その上、経済的な窮状がつけ加わるということがない場合である。

　このような子どもたちが、絶対的に与えられる人間社会のルールをうまく守れないことは、容易に理解できる。彼〔女〕らは、自分たちのまわりに展開する営みを不信の念で見て、孤立し、課題を避ける傾向を持つだろう。そして、格別の鋭さで、人生の敵意をかぎつけ誇張する。人生の暗い面への関心の方が、明るい面への関心よりもはるかに大きい。大抵、両方の面を過剰評価し、生涯にわたって闘争の立場に固執し、そこで自分に特別の程度の注目を要求し、他の人よりも自分自身のことを考える傾向がある。彼〔女〕らは人生の要求を刺激であるよりは困難であると受け取り、あらゆる体験に、闘う人として、過度に用心しながら立ち向かうので、彼〔女〕らとまわりの世界の間に深い深淵が生じるのである。そこで、ますます真理と現実から遠ざかり、何度も繰り返し、新たな困難に巻き込まれることになる。

　似たような困難が、親が子どもを愛することが、一定の基準以下に留まる時に生じる。この事情も、子どもの発達にとって重大な結末をもたらしうる。子どもは、愛を知るようにはならず、愛することを理解しないので、子どもの態度は影響を受けないわけにはいかない。愛情の欲求が発達しないからである。そして、これが家庭の中で発達しなければ、後に、このような関係の中で成長した人は、生き生きと愛情を交わせるようにできないことになり、愛情とその関係を避けるようになる。しかし、同じ結果は、親、教育者、あるいは他の大人が、子どもが愛情を適切でない、あるいは、笑うべきものと受け入れるように、何らの教育原則によって子どもに働きかける時にも起こる。愛情を笑うべきことであるという印象と結びつけるように子どもに思わせることも珍しいことではない。これは、とりわけ嘲笑の的であるような子どもに、しばしば起こる。そのような子どもは、感情を表すことを恐れているのがわかる。そのため、他の人に優しくすることや愛することを笑うべきもの、男らしくないもの、他の人に従属すること、他の人に見下されることと見なすのである。

　こうして、彼〔女〕らは、既に子ども時代に、将来のあらゆる愛の関係に境界線を引いてしまっている。愛情が欠如していると、大体において厳しい教育になり、あらゆる優しさを無視してしまう。その結果、子ども時代に、優しさを自分の中に閉じこめるので、不機嫌で難しい性格になり、自分のまわりにある小さなサークルに入ることは、心理的に非常に重要なことであるのに、そうすることをすぐに恐れるようになり、そこから少しずつ離れてしまう。結びつくことができる人が、まわりに一人でもいれば、子どもは、その人にとりわけ親密に結びつくだろう。その結果、一人としか関係を持たず、他の誰とも結びつくことができない人がしばしば育つことになる。母親の愛情が他のきょうだいに向けられていることに気づいた時に傷つき、それ以来、一生、早い子ども時代に見失った〔愛情の〕暖かさを見出そうと、いつも、あちらこちらをさまよう子どもは、このような人が人生において見出しうる困難を示すケースである。以上が、ある圧力のもとで教育を受けた人のタイプである。

失敗は、反対の方向でも起こる。教育に特別の暖かさが伴う時、子どもを甘やかすことによって、愛情欲求があらゆる限界を超えて発達する時である。そのため子どもは、その一人か数人とだけ緊密に結びつき、もはや、その人たちから離れようとしない。ここでは、子どもの愛〔の価値〕は、様々な誤りによって高められ、子どもは、自分を愛することは、他の人の義務であるとまで考えるようになることがある。このことは、大人が、例えば「私はお前を愛しているのだから、お前もこれやあれをしなければならない」という時に容易に起こる。このような考えが、家庭の中ではびこることがある。このような子どもたちが、他の人にこの傾向を見て取るや、それは、今度は同じ手段で、自分が他の人を愛しているように、他の人も自分を愛するようにさせるために用いられる。

このように、家族の一人に愛情を燃え上がらせることには、常に注意しなければならない。人の運命が、このような一方的な教育によって、不利な影響を受けることは、疑いない。そこで、次のようなことが起こるかもしれない。即ち、他の人の愛情をつなぎ止めるために、例えば、きわめて大胆な手段に訴え、ライバルの、大抵は、弟や妹の悪いところを見つけ出したり、あるいは卑劣な、あるいは他のあらゆる方法で、けなすというようなことである。これらはいずれも両親に愛される幸福に浸るためである。あるいは、せめて親の注目を自分に向けるために圧力をかけるかもしれないし、前面に出て、他のきょうだいよりも重んじられるために、どんなことでもしかねない。他の人に自分に関わることを要求するために、怠惰になるか、悪くなるかもしれない。あるいは、賞賛されることで、他の人の注目を得るために、行儀よくなるかもしれない。

そこで、子どもの人生においてこのような過程が始まり、精神生活において、一度方向が定まれば、〔それが向かう目的を達成するために〕あらゆることが手段になりうるということが明らかになる。子どもは、その目的を達成するために、悪い面へと発達するかもしれないし、同じ目的を持っている子どもが、非常に行儀よくなるということもありうる。このような子どもが、手に負えなくなって、注目を自分に向けようとすることも、他方、より狡猾に、特別に行儀よくなることで、同じことを達成しようとすることもしばしば見ることができる。

甘やかされた子どものグループには、あらゆる困難を取り除いてもらい、風変わりなことをしてでも友好的に微笑まれ、取り立てていうほどの抵抗にぶつかることなく、どんなことでもできるような子どもたちも属している。このような子どもたちは、この先の人生において正しい仕方で結びつきたいと思っている人との関係を築こうと努め、それを実現する予行演習をする機会がない。まして、自分の子ども時代の困難によって、この結びつきが困難であるような人と結びつく訓練を受けてはいないのである。このような子どもは、困難を克服する訓練を受けていないので、これからの人生への準備をきわめて不十分にしかできない。彼〔女〕らは、この熱帯のような雰囲気から外へ出て、人生に立ち向かった途端、ほとんど例外なく反撃を受けて苦しむことになる。なぜなら、そこでは、誰ももはや、過度に甘やかす教育者のような仕方で、彼〔女〕らのための義務を誇張したりはしないからである。

このような種類の現象のすべてに共通するのは、子どもが、多かれ少なかれ、孤立するということである。例えば、消化器官に欠陥がある子どもは、食事について他の子どもとは違った態度を取り、その結果、この点において、正常な他の子どもたちとは可能な限り違った成長をする。劣等器官を持った子どもは、特別のライフスタイルを示し、そのことは、やがて彼〔女〕らを孤立させることになる。そのようにして、まわりの世界と結びつくことをはっきりとは理解せず、そうすることを拒否する。そのような子どもは、仲間を見つけることができず、同年齢の仲間とは遊ぼうとはせず、羨ましそうに見るか、軽蔑して静かに一人孤立して遊ぶのである。

厳しい教育というような圧力のもとで育つ子どもたちも、孤立に脅かされている。彼〔女〕らにも、人生は、好ましい場所ではない。世界から、いつも、そしていたるところから、悪い印象しか予期していないからである。彼〔女〕らは、自分をあらゆる困難を黙って受け入れる堪え忍ぶ者か、まわりの人を敵と見なし攻撃を仕掛ける用意のある闘士である、と感じている。このような子どもが、人生とその課題を特別に困難なものである、と見ており、損害を被ることがないようにして、大抵、自分の境界を守り、疑い深くまわりを見ているということは、容易に理解できる。この過剰な注意という重荷を担い、軽率な仕方で失敗するという運命に身を曝すよりは、むしろ、大きな困難と危険をかぎつけて、課題を回避するという傾向を発達させるだろう。

さらに、このような子どもたちに共通する特徴、同時に、共同体感覚があまり発達していないことの顕著な兆候は、他の人のことよりも自分のことをより多く考えるということである。一般に、このような人は、悲観的な世界像を持つ傾向があり、誤ったライフスタイルから救済されなければ、生きることを楽しめないのである。

社会的存在としての人間

われわれは、個人の個性について、それをその人の状況の中で判断し、理解して始めて解明できることを示してきた。われわれが、状況ということで理解しているのは、世界の中での人の位置、環境への態度、また仕事、人との繋がり、仲間との関係のような、人が絶え間なく出会う課題への態度である。このようにして、われわれは、乳児の態度と、後には、子どもと大人の人生への態度に影響を与えるのは、まわりの人に刻み込む印象であることを確かめたのである。生後数ヶ月で既に、子どもが、その後の人生でどんなふうにふるまうかがわかる。それ以後は、二人の乳児を人生への態度に関して取り違えることは、もはや不可能である。なぜなら、誰もがはっきりと刻まれたタイプを表し、それは、いよいよはっきりとし、一度与えられた方向を見失うことはないからである。

子どもの心の発達は、子どもをめぐる対人関係によって、ますます浸透される。生得的な共同体感覚の最初の兆候が現れ、器官に制約された愛情追求が盛んになり、子どもは大人が近くにいることを求めるまでになる。子どもの愛情追求は、フロイトがいうように、自分自身にではなく、他の人に向けられることが常に見られる。これは子どもによって程度も現れ方も異なる。二歳以上の子どもでは、この違いは、言葉の表現にも確かめることができる。この頃までにしっかりと根づいた、〔共同体との〕一体感、共同体感覚は、精神がひどく病んだ時にだけ失われる。それを人は制限されたり、あるいは、拡大されて、少し色合いを変え、形を少しばかり変えることはあっても、生涯にわたって持ち続け、良好な状態の時には、家族だけではなく、一族、国家、全人類にまで拡大する。さらには、この限界を超え、動物、植物や無生物まで、ついには、宇宙にまで広がる。われわれは、人間を理解するために重要な助けを手に入れた。人間を共同体的存在として見なければならないということである。

第四章　外界の印象

世界像

印象を受け取る能力は、環境に適合する必要に規定されているということ、精神のメカニズムには常に目標を追求するという特性があることから、世界像と理想的なガイドラインは、既に早くから子どもの心の中に生じるに違いない、と想定させる。それらは、はっきりとした形にはなっておらず、一つの表現で把握することはできないが、何らかの仕方で、われわれに知られていると感じさせ、理解できると思い、常に不完全という感情に対置される領域に浮かんでいる。精神は、目標がある時にだけ機能する。目標を設定できるためには、知られているように、運動が可能であるということ、もしくは、自由に運動できることを前提とする。そして、あらゆる運動の自由によって実現する豊かさも、過小評価されてはならない。初めて立ち上がった子どもは、まったく新しい世界の全体に入り、この瞬間、なぜか敵対的な雰囲気を感じる。子どもは、初めて運動しようとする時に、自分の足で立てる力に、未来への強い希望を感じることができる。とりわけ、歩き始める時に、様々な大きな困難を感じることもあれば、まったく感じないこともある。このような印象や出来事は、大人にはしばしば取るに足らないことに見えるが、子どもの精神生活、とりわけ子どもの世界像の形成には途方もない影響を与えるのである。

そこで、運動することが困難だった子どもたちは、通常、敏捷な動きが大いに浸透している理想像を描く。このことは、好きな遊びやどんな仕事に就きたいかをたずねたら容易にわかる。御者とか運転手などの答えは、そのように答える子どもたちが、自由に運動できないというあらゆる困難を克服し、発達が遅いか、病気だった時に、とりわけ育まれることになる劣等感や遅れているという感じを持たない点に達したいという憧れを持っていることを意味している。同様に、視力に問題があって世界を不完全にしか認識できない子どもたちが、見えるものを強く激しくとらえようと努力し、聴覚に障害がある子どもたちが、美しく響く音にだけ関心、理解、特別の好みを持っていることが、しばしば見られる。要は、音楽的なのである（ベートーヴェン）。

子どもがそれを用いてまわりの世界を征服しようとする器官のうち、外界と切り離すことのできない関係を作り出すのは、主として感覚器官である。これが世界像を構築する助けとなる。とりわけ、ここでは、まわりの世界と向き合う目に言及しなければならない。人間にとりわけ迫り、その経験の主たる支えを与えるのは、主として目で見られる世界である。そのようにして、視覚的な世界像が生じる。その比較できないほどの重要性は、大抵は、一過性の刺激にのみ反応する耳、鼻、舌のような他の感覚器官とは違って、持続し、絶えず変わることがない対象を扱うことにある。しかし、聴覚が主要な器官であるような人もある。そのような人は、聞こえるものに関わる精神能力が発達している（聴覚タイプ）。

運動に適している運動タイプの人もあるが、もっと少ない。嗅覚と味覚を過剰に強調することは、また別のタイプを生み出す。このうち特に最初の嗅覚の能力が優れているタイプは、われわれの文化においては、不利な位置に置かれている。運動器官が重要な役割を演じている子どもも多い。このような子どもは、大きな活動性を持って生まれてきて、常に動いている。成長してからも、常に活動へと駆り立てられる。彼〔女〕らの関心は、もっぱら活動することに向けられ、それを成し遂げるために筋肉を動かさなければならない。寝ている時にも、この活動欲は休むことはなく、ベッドで落ち着きなく寝返りを打つのがしばしば見られる。ここには「落ち着きのない」子どもが属している。落ち着きのないことが、しばしば、そのような子どもの欠点と見なされる。

一般に、ほとんどすべての子どもが、自分に与えられている印象と可能性から世界像を構築するために、目や耳、また運動器官で人生に立ち向かうのである。そして、われわれが、人を理解できるのは、どの器官で人生に最も直接的に対面しているかを知った時だけである。なぜなら、ここですべての関係が意味を獲得するのであり、世界像の形成に影響を与え、それによって子どもの後の成長に影響を与えるからである。

世界像発達の要素

世界像が形成される時に最初に影響を与える精神器官の特別の能力は、人が持っている目標によって、その選択、強さ、作用が規定されることにおいて、互いに共通している。このことは、人が、人生、環境、出来事などについて、その一定の部分だけを、一人一人別の仕方で、認識するという事実を説明する。人は自分の目標によって求められるものだけを、また、それが求められる仕方で、価値あるものとする。それゆえ、人間の精神生活のこの面も、人のひそかな目標を見て取り、すべてが、人のこの目標によって影響を受けていることが理解された時に、初めて理解できるのである。

知覚

感覚器官によって外から伝えられた印象と出来事は、脳に信号を与え、それの何らかの痕跡が残される。この痕跡から表象世界と記憶世界が形成される。しかし、知覚はカメラと比較することはできない。それは常に〔知覚する〕人の特性を含んでいる。人は見ているもののすべてを知覚しているわけではないのである。同じ像を見た二人の人に何を見たかとたずねたら、異なった答えが返ってくるだろう。

子どもは、環境から何らかの理由でそれまでに形作られた特性に合致したものだけを知覚する。見たいという欲求がとりわけ発達している子どもたちの知覚は、圧倒的に視覚的な性質のものである。大抵の人は、この視覚タイプである。また聴覚によって世界像を満たす人もいる。既に述べたように、これらの知覚は、現実と厳密に同一ではない。人は、外界との接触を特性によって要求されているように作り変えることができる。それゆえ、人が何を知覚するか、そして、どのように知覚するかということに、人の独自の特性がある。知覚は、単なる物理的な事象以上のものである。それは、精神機能であり、人がどのように、そして、何を知覚するかという方法、種類、状態から、人の内面への深い手がかりを得ることができる。

記憶

われわれは、生得的な精神器官の発達は、根本において、活動欲求と知覚の事実に関連していることを確かめることができた。合目的に目標へと向かうという傾向を持った精神器官は、人間の有機体の運動能力と緊密に結びついている。人は、外界との関係を、その精神器官において把握し、秩序づけなければならない。そして、これは、今や適応器官として、個人の安全にとって必要で、その生存に属しているあらゆる能力を発達させなければならない。

　さて、精神の発達における精神器官の人生の課題への個々の答えは、痕跡を必ず残すということ、また、記憶と価値判断の機能も、適応の傾向によって支配されているということも明らかである。人は記憶が持続して初めて、将来に対して備えることができる。次のように結論づけることができる。即ち、記憶は、すべて（無意識の）最終目的をその中に持っているのであり、われわれのうちに何でも取り入れるのではなく、警告したり、あるいは、勇気づける言葉を語るのである。記憶は選択される。記憶の意味は、その根底にある最終目的が明らかになった時にだけ判断できる。「なぜ」あることは覚えているのに、別のことは覚えていないかは重要である。われわれは、覚えていることが、精神の一定の方向を持続させるために重要で有用である時に、その出来事を記憶している。同様に、忘れることがこのために必要な時には、その出来事を忘れるのである。そこで、記憶も、心に浮かぶ目標に合目的に適応することに奉仕しているわけである。ずっと残る記憶は、たとえそれが間違っていても、あるいは、子ども時代に大抵そうであるように、一面的な判断を含んでいても、求められている目標に必要であれば、意識の領域から消えて、態度、感情、ものの見方へと移行する。

想像

想像ほど人間の特性を示すものはない。想像するということでわれわれが意味しているのは、対象が現前していなくても、知覚を再現するということである。したがって、想像は、再現され、ただ思考の中に再び呼び起こされた知覚であり、これもまた、精神器官の創造的能力の例である。かつての知覚、精神の創造力によって生み出された知覚が、今や再生されるというのではなく、人が作り出す想像自体が、その特性によって作り出されたものであり、新しい独自の芸術作品なのである。

通常の表象が持つ鋭さをも超え、知覚のように作用する想像がある。それは非常に鮮明に現れるので、あたかも想像ではなく、存在しないのに刺激を与える対象が実際に存在しているかのようである。そこで、このような、現存している対象から発しているかのような想像のことを、幻覚と呼んでいる。

幻覚が生じるための条件は、先に述べたものと同じである。幻覚もまた、当該の人の目標と目的に従って形成される精神器官の創造的な業である。このことは、例をあげれば、より明らかになる。

若い知的な女性が両親の意志に反して結婚した。両親のこの結婚への嫌悪感は、非常に強かったので、親と子どもとの間の関係はすべて絶たれてしまった。女性は、時が経つにつれて、両親は自分に対して正しくふるまわなかったという確信に達した。それでも何度も和解の試みがされたが、双方の誇りと意地のために失敗した。良家に生まれ育ったこの女性は、結婚によって惨めな状態に陥った。しかし、不釣り合いな結婚を表面的に観察しても、特別なことは何も見られなかった。しばらくして非常に特異な現象が起こらなかったら、女性の運命は、安らかなものであることができただろう。

彼女は、父親に甘やかされて成長した。二人は非常に緊密だったので、結婚の際にこんなふうに決裂したことは、いっそう人目を引いたに違いない。父親は、彼女にことのほかひどい仕打ちをし、二人の溝は深いものになった。子どもが生まれた時も、両親は見に行こうとはせず、娘に近づくこともなかった。彼女は野心が非常に強かったので、両親の態度に我慢がならなかった。自分が正しいと思っていたことについて不当な扱いを受けたことが、彼女を傷つけたからである。この女性の気分が完全に名誉心の影響下にあったことに注目しなければならない。この性格特徴が、両親との諍いに、彼女がこれほどまでに耐えられなかったことを説明する。

母親は厳格で実直な人で、立派な人だったが、娘に対しては、厳しかった。少なくとも外面的には、夫に従うことも知っていたが、自分自身の地位を失うことはなかった。この夫に従うことも、ある種の誇りを持って強調し、それを自慢した。家族にもう一人息子が生まれ、男の跡継ぎ、将来名誉ある家名を継ぐ者として、彼女よりも評価された時、彼女の野心をことのほか強く刺激することになった。結婚によって陥った、彼女がそれまでまったく知らなかった困難や苦境は、ますます不満を増大させ、両親が不当であると考えるようになった。

ある晩、まだ眠りに入る前にこんなことが起こった。ドアが開き、聖母マリアが彼女のところにやってきていった。「私はあなたのことを大変愛していますから、教えてあげましょう。あなたは十二月の半ばに死ぬのですよ。準備をしなければなりません」

彼女はこのことに驚きはしなかったが、夫を起こし、すべてを話した。次の日、医師の診察を受けた。幻覚だった。しかし、彼女は、マリアの姿を本当に見てその声を聞いたのだ、といいはった。一見、こんなことはありえないことに思えるが、われわれの〔理解のため〕鍵を使えば、初めて、この出来事を確実に解明できる。彼女は、両親と不和であり、苦境にあると思っている。野心が強く、診察結果が示しているように、すべての人よりも優りたいという傾向がある。そこで、人が自分に与えられた領域から出たいと努力する時、神に近づき、神と対話をすることは理解できる。祈りの場合のように、聖母マリアが空想の中にだけ留まっていると考えてみるといい。誰もそのことを何か特別なこととは思わないだろう。それゆえ、そのようなことは、彼女を満足させない。もっと強い論拠が必要なのである。

精神がこのような芸当ができることを理解すれば、この出来事は、あらゆる謎を失うことになる。夢を見る人も同じような状態にあるのではないだろうか？　違いは、この女性は、覚醒状態で夢を見ることができるということだけである。彼女の野心が、その時、屈辱によって、大いに緊迫していたということを考慮に入れなければならない。今や、実際、別の母親が、彼女のところにやってきたことが、われわれの目を引く。しかも、この母親は民衆が慈悲深いと信じている母親である。この二人の母親は互いにある対照関係にある。聖母が現れたのは、自分の母親がこなかったからであり、マリアのこの出現は、自分の母親の愛が足りないことを示している。

彼女は、たしかに、どうすれば両親に、間違っていることを最善の仕方で示すことができるか、その方法を探している。十二月の半ばという時も非常に重要である。この時、人の生活において心のこもった関係が形作られる。人は、大抵、より優しくなり、贈り物を贈ったりする。また和解の可能性もずっと近づく。そこで、この十二月半ばという特定の時は、若い女性の人生課題と連関があることが理解できる。

さしあたって奇妙なことは、聖母マリアが友好的に近づくことに不協和音が伴っていること、即ち、間もなく死ぬということが告げられていることである。彼女が夫に直ちにこのことを嬉しそうに知らせていることには、何か重要な意味があるに違いない。また、この予言は、家族の枠を越え、次の日には医師がそのことを聞いている。かくて実の母親が彼女のところにこないわけにいかなくなった。

しかし数日後、聖母マリアが再び現れ、同じことをいった。母親と会ってどうだったかとたずねると、母親は悪いことをしたことをどうしても認めようとしなかった、といった。そこでなじみのテーマが再び現れる。母親への優越が達成されていないことがここでも問題なのである。

そこで、事情を明らかにすることが試みられた。その結果、父親と会うことが実現した。感動的な場面が見られた。しかし、彼女はなおも満足しなかった。父親の態度には何か芝居がかったものがあるというのである。そして、なぜこんなにも長い時間待たせたのか、といった。他の人を悪者にし、自分のことを勝利者にするという傾向は変わらずあったのである。

そこで、以上のことから、幻覚は、心が最も緊張した瞬間、人が自分の目標を実現できないことを恐れる状況で起こる、といえる。このような幻覚は、以前もそしておそらく今も、発達が遅れている人が住んでいる場所で、重要な影響を及ぼすことは疑いない。

旅行記から知られるある種の幻覚は、砂漠をさまよう人が、空腹、渇き、疲労、道に迷うことのような困難にぶつかった時に出会うような現象である。苦しんでいる人の想像能力を、より完全な明瞭さで現在の苦境から元気を起こさせる状況へと高めることを可能にするのは、最高度の苦境にあるという緊張である。この緊張感は、疲れた人を勇気づけ、自信が揺らいでいる人の力をかきたて、より強く、あるいは、より無感覚にし、香料や麻薬のような作用をする。

幻覚は、われわれにとっては、決して新しいことではない。既に、知覚、記憶、想像のメカニズムにおいて、類似の現象を見出したからであり、夢においても、再び見出すだろうからである。想像を強化し、批判機能を排除すれば、幻覚を容易に出現させることができる。常にこのような種類の特別な状況が感情を生み出すということを確かめておきたい。幻覚は、苦しんでいる状態にあって、力で脅かされているという印象がある時に生じ、弱いと感じれば、それを克服しようとする人において起こる。このような状態での緊張が並外れて強い時には、批判能力は、もはやあまり考慮されない。そこで想像が「できる限り、自分を救え」という原則に従って、精神器官の全力を用いて、幻覚という形に移行するのである。

幻覚は、幻想と緊密に結びついている。幻想は、外界と結びつく点が残っているところが、幻覚とは異なる。ただ、例えばゲーテの『魔王』[1]のように、独自な仕方で誤認されている。根本は、即ち、精神が苦しんでいることは、同じである。次の例が、苦しんでいる状態において、精神器官の創造力がいかに幻覚、あるいは、幻想を生み出すかをさらに明らかにするだろう。

教育を十分受けられず、何事も成し遂げることができなかった名門の男性が、下級の事務職に就いた。彼は将来、名声を得るというあらゆる希望を断念した。彼に重くのしかかった絶望に加えて、まわりからも非難された。そのことが、彼の中の強い精神の緊張を増した。この状態にあって、彼は飲酒にふけった。酒を飲めば、彼が置かれている状況を忘れることができ、そのことのいい逃れにもなったのである。間もなく譫妄状態が始まり、入院することになった。譫妄は、本質的に、幻覚に似ている。アルコール依存者に、ネズミや黒い動物が見えることが、よくある幻覚の種類として知られている。患者の職業と関連した幻覚もある。

われわれの患者がかかった医師は、アルコールに依存することに強く反対していたので、厳格な管理を導入した。そこで、彼は、アルコール依存症からは完全に解放された。退院して三年間は、アルコールに手を出すことはなかったが、その後、別の訴えで再び入院した。彼が話したところによると、仕事をしている時――彼は今や土工だった――いつも男性が現れ、にやにや笑って彼のことをからかう、という。ある時、そのことで、ことのほか怒りに駆られ、幻覚かどうかを確かめるために、つるはしを投げつけた。その男性は身をかわしたが、すぐに襲いかかってきて、彼を殴打した。この場合は、幽霊や幻覚は問題にならない。この男性は現実の拳を持っていたからである。説明は容易である。他の時は、幻覚を見ていたのだが、この時は現実の人に投げつけたのである。

三年前に退院した後、アルコールから解放されたが、またもや飲酒にのめり込んだのである。仕事を失い、家から追い出され、土工の仕事で食べていかなければならなかった。しかし、その仕事を、彼も家人も卑しい仕事と見ていた。彼がその中で生きていた精神的緊張は消えてなかった。アルコールからは解放されたが、重要な慰みを失ったのである。彼は最初の仕事を、アルコールの力を借りて、やり遂げることができた。何も成し遂げることができないという非難の声が家で高まった時、アルコール依存症であるといわれる方が、能力がないといわれるよりも苦痛が少ないように思えた。治癒すると、再び現実と、以前と変わることなく困難で重苦しい状況に直面した。今や、またもや、何も成し遂げることができないとすれば、アルコールという口実すらなかったのである。

　このような精神的な苦しみの中で、幻覚が再び現れる。彼は再び以前の状況に慣れ、あたかも依然として大酒飲みであるかのように世界を見た。このことで、彼がいおうとしたことは、私は飲酒で人生を駄目にしてしまい、今やこれ以上よくできないということである。病気であれば、自分では何も決心する必要なく、彼は新しい、あまり重んじられない、それゆえ、彼にとって価値の低い職業から解放され、免除されることを期待することができた。そこで、先に見た幻覚は、再び入院することが認められるまで、長く続いた。彼は自分を慰め、もしも飲酒の不幸が彼を襲わなければ、もっと多くのことを成し遂げることができただろう、といえた。そうすることで、自分に価値があるという感情を大切にすることができたのである。この感情を持ち続けること、もしもこの不幸がなかったら、より大きな仕事に向いていただろうという確信を持ち続けることができることは、仕事それ自体よりも、ずっと重要なことだった。そうすれば、彼は自分には力があると思え、他方、他の人は自分ほどは優れてはおらず、取り除くことができない困難が横たわっている、ということができた。慰めとなるいい訳を探していたのは、このような気分でいる時だったが、その時、にやにや笑う男性の出現は救いに思えた。

空想

　精神器官のさらなる芸術的成果は、空想である。その痕跡は、既に扱われたあらゆる現象に見ることができる。それは、ある記憶が前面に押し出されたり、あるいは、想像が形成されるような精神の働きに似ている。空想においても、自然必然的に運動している有機体が、自らのうちに持っている予見が、本質的な構成要素を形作っている。空想も有機体の運動性に結びついており、それ自体、これの予見の形式に他ならない。

子どもと大人の空想――これは白日夢とも呼ばれる――において、人が砂上楼閣を思い描く時、常に未来に関わり、人がそこに向かって行き、自分の仕方で予見して築こうとする想像が、問題になってくる。

子どもの空想を調べると、子どもにおいては、力の遊びが広い場を占めていて、野心が反映されていることがわかる。大抵の空想は、例えば「いつか大きくなったら」というような言葉で始まる。また、あたかもまだ成長しきってないような大人もいる。また力の線（権力志向）の明らかな刻印は、精神生活は、予め目標設定が行われた時にだけ発達するということを示している。人間の文化においては、この目標は認められるという目標である。それは中立の目標であることはまずない。人間の共生には絶えず自己評価が伴うからであり、優越の憧れと、競争に勝ちたいという願いが生じるからである。それゆえ、子どもの空想に見られるような予見の形式が、通常、力の要求であることの説明がつく。

このような想像の範囲や空想の大きさについては、規則を立てることはできない。いいかえれば、ここでも一般化するという誤りに陥ってはならないということである。先にいわれたことは、多くのケースに当てはまるが、個々のケースにおいては、それぞれに違っていることが見られる。人生を敵対的な目で見る子どもが、自分の空想をより強く発展させるのは、当然のことである。そのような姿勢には、通常より強い予見の緊張が結びついている。そこで、人生が多くの災いをもたらす虚弱な子どもは、強い空想をし、空想に耽る傾向がある。さらに、空想が、現実から逃避するために、助けとして使われる発達段階がしばしば現れる。空想が、現実の生活を否定するために用いられるように見えるのである。このような場合、空想は、人生の低さを越えた人間の力への陶酔感である。

空想において確かめられるのは、力の線だけではない。そこでは共同体感覚も、重要な役割を演じる。子どもの空想においては、子どもの力は、何らかの仕方で他の人の役に立つように用いられるように見える。例えば、救済者や援助者、人に害を与える怪獣に対する勝者になるような空想の場合である。しばしば見出されるのは、自分が育った家の子どもではないのではないかという空想である。多くの子どもが、別の家の子どもであり、いつか真実が明らかにされ、本当の父親（常に誰か高貴な人である）がやってきて、連れて行く、と考えている。これは、大抵強い劣等感を持っている子ども、貧困の中で育った子ども、冷遇に耐えなければならない子ども、まわりの人の愛情に満足できない子どもに見られる空想である。このような途方もない考えは、しばしば、もう大人になったかのようなふるまいをする子どもの外的な態度に現れる。ほとんど病的な空想の悪化は、例えば、子どもが山高帽や葉巻を特別に好んだり、少女が男になろうとすることに見られる。男の子にふさわしい態度や服を好む少女も多い。

空想をほとんど持たないと〔親が〕嘆く子どももいる。これは間違った結論である。このような子どもは、空想を表現できないか、空想が浮かぶことに闘うことになるような他の理由があるのである。空想をしないことで、自分は強いと感じているのかもしれない。現実に適応しようと闘う努力をしている子どもたちは、空想をすることは、男らしくないとか、子どもっぽいとして拒否する。このような拒否が、度を超して、空想がほとんど見られないケースがある。

夢（全般的考察）

先に見た白昼夢の他に、非常に早い時期に現れ、大きな活動性を示し、発達もする夢がある。睡眠中に見る夢である。一般に、この夢には、子どもたちが白日夢と似たような夢を見る方法が見られることが確かめられる。古代の人、経験のある心理学者は、人間の夢からも、性格を容易に明らかにできることを示してきた。実際、夢は、あらゆる時代に、人間が大いに考察してきた現象である。睡眠中の夢も、白昼夢と同じく、予見の願望を伴い、人が未来への道を開き、その道を確かに歩もうとしている時に現れる。顕著な違いは、白日夢は、何とか理解できるが、睡眠中の夢は、めったに理解できないということである。このように理解できないことが、夢の特別の特徴であり、その点に、この夢の現象が余計なものであることを示していると見たくなる。さしあたり、夢においてもまた、未来を確かなものにし、問題を前にして、それを克服しようとしている人間の力の線が見られることを強調しておくことにしよう。夢は、精神生活を観察する際、重要な手がかりを提供する。それについては後にあらためて取り上げる。

感情移入

運動する有機体においては、常に未来の問題に直面しているので、予見の機能は不可欠だが、精神器官に現実にあるものを感じるだけではなく、何か未来にあるものを感じたり、推測する能力が助けとなる。この過程は「感情移入」（共感）と呼ばれる。この能力は、人間において、ことのほか強く発達している。それは、非常に広く行き渡っているので、精神生活のどんな場所にも見られる。ここでも予見が必要であることが、感情移入が行われることの条件である。何か問題が生じた場合に、私がどのようにふるまうかを考え、予想しなければならない時、目下、まだはっきりしていない状況から、生じうる感情について確固とした判断をしなければならないからである。これから経験する状況についての思考、感情、感覚をすべて把握して初めて、一定の点を特別の力で得ようと努めるか、あるいは、特別に慎重に避けるかという視点を得ることができる。

誰かと話している時に、既に感情移入が起こる。他者の立場へ感情移入するということがなければ、人を理解することは、不可能である。演劇は、感情移入の最もはっきりした芸術的な表現である。感情移入のさらなる現象は、誰か他の人に何かの危険が迫っていることに気づいた時に、奇妙な感情を持つ場合に見られる。このような場合、感情移入は、しばしば非常に強いので、自分は危険な目にあっていないのに、思わず知らず、防御の動作を行う。さらに、誰かが、例えば、コップを落とした時に、手で取り消す動作をすることが知られている。ボウリングの時にも、プレーヤーが、いわばボールと同じ動作をし、そうすることで、全身でボールのコースに影響を与えたいかのように前に乗り出すことも、しばしば見られる。誰かがビルの高いところで窓を拭いているのを見る時、あるいは、スピーチをする人が不幸にも言葉が出なくなるのを見る時にも起こる感情も、感情移入の現象である。劇においては、共感し、自分の内面で様々な役を役者と共に演じることは、ほとんど避けることができない。それゆえ、われわれの生活のすべては、感情移入と緊密に結びついている。このような機能、即ち、人が自分が他者であるかのように感じる可能性の起源は、生得的な共同体感覚の事実にのみ見出すことができる。これは、元来、われわれがそのうちにある全宇宙と結びついていることの反映であって、これから逃れることはできず、自分自身の直接経験の外にあることに感情移入する能力を人に与える。

様々な程度の共同体感覚があるように、既に子ども時代に見ることができる感情移入の程度も様々である。生きているかのように人形に夢中になる子どもたちもいれば、その中に何があるかを調べることにしか関心がないような子どもたちもいる。共同体の関係が仲間から生命のない、あるいは、ほとんど価値のないものへ移ると、人間の発達が完全に失敗することがありうる。

しばしば子どもたちに見られる動物虐待は、他の存在への感情移入がほとんど完全に欠如していると仮定しなければ考えられない。このような子どもたちは、仲間へと成長するためには重要ではないことにしか興味を持たず、他者への関心を無視し、ただ自分のことだけを考えるようになる。

これらの現象が起こるのは、感情移入の程度が低いからである。感情移入の欠如は、ついには、共同体の仲間に協力することを拒むところまで進む。

他者への影響（催眠と暗示）

他者への影響が一般にどのように生じうるかは、個人心理学の意味では、ここでも連関状況が問題であるとしか答えることができない。われわれの人生の全体は、相互影響が可能であるということを前提として進行する。この影響は、教師と生徒、親と子ども、男と女のような関係において、ことのほか強められる。共同体感覚に影響されて、他者からの影響は、ある程度は受け入れられる。しかし、どれくらい影響を受けるかは、影響を与える人が影響を受ける人の権利をどこまで保証していると見えるかに依存している。不正を加えられている人が、持続的に影響を受けるということはありえない。他者が自分自身の権利が保証されていると感じる時に、最も影響を与えることができる。これは教育にとって重要な観点である。それゆえ、違った種類の教育を提案したり、実行することは可能であるが、この観点を考慮に入れた教育が、影響力があるだろう。最も根源的なもの、即ち、〔共同体との〕一体感に結びついているからである。

この教育は、ただ、共同体の影響から意図的に逃れようとする人が問題になる時にはうまくいかない。そのような人も、このことを直ちに行うわけではない。長い闘いがその前にあったに違いない。その過程で、次第に、まわりの世界との関係が失われ、ついには、共同体に完全に敵対することになったのである。そうなると、どんな種類の影響を与えることも、困難、あるいは不可能になる。そして影響を与えるどんな試みにも反抗的な行為で応えるという光景を見ることになる（反抗心）。

それゆえ、まわりの人に何らかの仕方で抑圧されていると感じている子どもたちの場合、教育者の影響に従うという能力も傾向もわずかしかないことが、予想できる。たしかに、外からの影響が非常に強いので、あらゆる抵抗が払いのけられ、見たところ、どんな影響も受け入れられ、それに従うという場合も多い。しかし、このような服従を決して認めてはならないことが、すぐに確信できるだろう。それは、しばしば人を人生に対して無能力にするというグロテスクな仕方で現れる（盲目的服従）。そのような人は、必要な行動と方法が命じられることを常に待つような人になるからである。このような過度の服従が持っている大きな危険は、次のような場合に見られる。即ち、このような子どもは、権力を手にした人に従い、命じられれば犯罪すら行うような大人になるのである。

そのような人は、暴力団で恐ろしい役割を果たす。常に主導的な役割を果たすからであるが、リーダーは大抵自らは手を下さない。暴力団が行った大きな犯罪は、大抵このような人が主導している。このような人は、信じられないほど過剰に服従し、その上、そうすることに野心の満足を感じるのである。

通常の影響を与える場合に限るならば、共同体感覚が最も歪められていない人が、最も影響を受けやすく、了解し、自分と折り合いをつけるが、他方、上昇志向があり、優越性を追求する程度が特別に強くなった人は、一番影響を受けにくい。観察は毎日このことを教える。親が、子どもが盲目的に服従するということで、子どもについて嘆くということはまずない。むしろ、子どもが服従しないから嘆くのであって、このような子どもたちを調べれば、まわりの世界から出て行こうと努力しており、このようにする時に、子どもは自分の人生に課せられる規範を打ち破りたいと考えているのがわかる。誤った扱いをされてきたので、教育処置を受け入れなくなっているのである。

　子どもは、何とかして力を手に入れようとするので、このような子どもを教育することは困難なものになる。それにもかかわらず、われわれの家庭教育は、大抵、子どもたちの野心をとりわけ刺激し、子どもに偉大という観念を呼び起こそうとする。これは無思慮からではない。われわれの文化に、このような観念を好む傾向がしみ通っており、子どもたちを偉大になりたいという気持ちにさせるのである。そこで、われわれの文化においても、家庭においても、まず第一に、人が人生において特別の輝きをもって立ち、何らかの仕方で、他の人よりも優ることが重要なことになる。しかし、野心を目指すこのような方法は、不適切であり、精神生活の発達を妨げ、挫折させる。

　催眠を受ける人は、無条件に服従する傾向があるので、まわりの要求を過度に受け入れる人と似たような状況にいる。一度だけ、しばらくの間、要求されることをすべてしようと決意すればいいのである。このような〔服従の〕過程が、催眠の準備の根底にある。一般に、催眠にかかりたいといったり、信じたりするということが見られる。それにもかかわらず、服従することに心は準備はされていないかもしれない。また、大いに抵抗するが、内面では服従する準備があるということもある。

催眠においては、最終的にはまさに被催眠者の心の態度が重要なのであって、被催眠者がいうことや考えることが重要なのではない。この事実を誤認することから、大きな混乱が生じた。なぜなら催眠においては、大抵、抵抗するように見えるけれども、ついには、それでも催眠者の要求に屈する傾向のある人が問題だからである。このように、催眠にかかる準備の程度は、被催眠者によって様々なので、催眠の結果は、人によって異なる。しかし、催眠への準備ができているかは、いかなる場合も、催眠をかける人の意志に依存するのではなく、被催眠者の心の態度に依存しているのである。

催眠は、本質的に眠りの状態に似ている。催眠が神秘的なのは、他の人に命令されて初めて作り出されなければならないからである。命令は、それを受け入れる用意がある人になされる時にのみ有効である。決定的なことは、既に述べたように、被催眠者の個性と性格である。この独自な眠りの状態は、誰かが他の人の影響を無批判に受け入れる時にだけ、引き起こされる。ついには運動中枢すら命令する人に操作され、動けなくなるという点で、自然の眠りとは違う。通常の眠りの中から、一種の半睡の状態だけが残る。この状態では、命令する人は、被催眠者に催眠中の出来事のうち覚えているようにさせることしか思い出せないようにする。最も強く閉め出されるのは、われわれの文化にとって最も重要な精神器官の特質である批判力である。被催眠者は、いわば催眠者の長く伸ばされた手であり、器官であり、催眠者の命令のままに機能するのである。

他者に働きかけることができる大抵の人は、この能力、概して、影響を与える能力を、自分に固有のものとされる不思議なオーラ、特別の力に帰している。これが、テレパシーのある人や催眠者を愚行、堕落、とりわけ忌まわしい放埒へと導くことになる。そのような人については、本来、人間の尊厳をこれほどまでに貶めたので、彼〔女〕らに悪事を止めさせるどんな手段も正しいといわなければならない。その際、彼〔女〕らが行う現象は、詐欺によるといってはいけない。そうではなくて、人間には、まさしく尊大なポーズで現れる人の犠牲になりうるという仕方で、屈服的な傾向があるのである。それというのも、多くの人は、検証してみることもなく服従し、権威を認め、われを忘れ、だまされ、無批判に服従するというような気分の中で漫然と日を過ごしているからである。これらはすべて人間の共同生活に秩序をもたらすことはできず、繰り返し、屈服させられた人による後からの反逆をもたらした。テレパシーのある人も、催眠者も誰も実験に長く成功しなかった。非常にしばしば、催眠者が催眠にかけた人が、その催眠者を騙した。このことは、既に自分の力を被催眠者に及ぼしたかった重要な科学者に起こったことだった。しばしば混合ケースもある。即ち、被催眠者がいわば騙された騙し屋、つまり、幾分は騙し、幾分は服従したというケースである。しかし、われわれがここで働いていると見えるのは、催眠者の力ではなく、常に被催眠者の服従する気持ちであって、決して被験者に影響を与える魔法の力ではない。せいぜい催眠者の騙す術である。どんなことでも自分自身で考え、結論をただちに他の人から受け取らないという人生を送る人であれば、当然、催眠にかかるということはなく、テレパシーという奇妙な現象を示すことも決してない。これらはすべてただ盲目的な服従の現象にすぎない。

この連関で暗示に言及しなければならない。その本質は、最も広い意味で、印象と見ることで初めて理解できる。人は印象を受け取るだけでなく、常にその影響下にあるというのは、自明である。印象をその時々に受け取るというのではなく、どんな印象も常に影響を及ぼし続ける。印象を受け取ることが、他者に命令し、説得、納得させる試みの形を取る時、暗示と呼ぶことができる。その時、暗示は、それが作用を及ぼす人が既に持っている見方を変えるか、強化する。より難しい問題は、元来、外から来る印象に様々な仕方で反応するということにある。この作用にどの程度影響されるかも、当の人がどれほど自立しているかによる。

その際、二つのタイプにとりわけ注目しなければならない。一つは、他者の考えを過大に評価することを好み、したがって、自分自身の見方について、それが正しいのか、あるいは誤っているのかにほとんどこだわらない。彼〔女〕らは他者の重要性を過大に評価し、他者の考えに簡単に合わせる。覚醒時の暗示や催眠にとりわけ簡単にかかる。もう一つのタイプは、外からくるものをすべて侮辱であるかのように受け取り、自分の考えだけを正しいと見なし、他の人が持ってくるものを正しいかそうでないかに無頓着にはねつける。いずれのタイプも、その中に弱さの感覚がある。〔第一のタイプは従順であることに〕二番目のタイプは、他者から何かを受け取ることに耐えられないことに弱さの感覚を示すのである。われわれが大抵会うのは、すぐに人とぶつかるが、他者の暗示にかかりやすいのではないかという考えを非常にしばしば持っているような人である。彼〔女〕らは、しかし、暗示にかからないように、このような考えを強化するのである。そこでそのような人に影響を与えるのは難しい。

第五章　劣等感

初期の子ども時代

われわれは今や、自然によって継子のように扱われた子どもたちは、人生と人間に対して、生きる喜びを既に早くから感じてきている子どもとは違った態度を持つ傾向があることを知っている。劣等器官を持っている子どもは、皆人生との闘いに容易に巻き込まれるということを原則として立てることができる。その闘いは、そのような子どもたちの共同体感覚を抑えることになる。そこで、他者よりも、自分自身と、まわりの人に与える印象に関心を持つようになる。劣等器官に当てはまることは、外からの子どもへの影響についてもいえる。それは、多かれ少なかれ、自分にのしかかる重荷として感じられ、まわりの世界への敵対的な態度を呼び起こす。

決定的な方向転換は、既に早くに現れる。二歳ともなれば、そのような子どもは、他の子どもと同じようには必要なものを与えられていないことがわかる。彼〔女〕らは対等で同等の権利を持っていると感じず、他者と仲間にならず、共同して事を行うことがない。さまざまな欠乏から生じる足りないという感覚があるので、他の子どもたちよりも期待感があり、要求をより強く表明する傾向がある。そもそも、どの子どもも、人生に対しては劣等であり、子どもの近くにいる大人が、かなりの程度の共同体感覚を持っていなければ、生きてはいけない。また、子どもが小さくておぼつかないことは、長く続き、人生は苦労して初めて耐えられるという印象を子どもに与える。このことに注目すれば、子どもは、最初は、多かれ少なかれ、劣等感を持っている、と仮定しなければならない。この劣等感は、目標を設定する推進力である。そこから、子どものすべての努力が発し発展し、人生の未来に向けてのすべての安心と保証を期待し、この目標を達成するために適していると見える道を進むのである。

　教育が可能かどうかの基礎に、子どもの身体能力に結びつき、それによって影響を受けるこのような独自な態度決定がある。どの子どもにも劣等感は見られるが、この教育可能性は、二つの要素によって、とりわけ揺さぶられる。一つは、強い、より激しい、長く続く劣等感であり、もう一つは、もはや単なる安全、確かさ、対等性を保証するのではなく、まわりの人より優ろうとする力の追求を発達させる。このような子どもはいつでもすぐにわかる。彼〔女〕らを教育するのは難しい。あらゆる状況で、自分は冷遇され、自然によって不利な目にあっていると信じ、実際にどうかは別にして、しばしば、人からも冷遇されていると見るからである。これらの関係をより厳密に考察すれば、子どもの発達が、どれほどの強制力をもった、歪んだ、あらゆる失敗を伴ったものであったかがわかる。元来、どんな子どももこの危険に曝される。すべての子どもがそのような状態の中にあるからである。

どんな子どもも、大人に囲まれて成長するので、自分を小さくて、弱いと見て、不完全で劣っていると評価するようになる。このように感じているので、大人が間違いなくスムーズにできると考えて課することを自信をもって行うことができない。大抵、既にこの段階で、教育の失敗が始まる。子どもからあまりに多くのことを期待すれば、無力であることが子どもの心に鋭く刻まれることになる。さらに、自分にはあまり価値がないということ、小さいこと、劣っていることを〔意識的に〕気づかされる子どもたちもいる。さらに、別の子どもたちは、おもちゃやなぐさみ、あるいは、とのほか、保護されなければならない財産と見なされたり、あるいは、余計な重荷と見なされる。またしばしば、このような態度のすべてが、子どもに、自分は大人を満足させる、あるいは満足させないためにいるというふうに思わせることになる。

このような仕方で、子どもたちの中で育まれる深い劣等感は、われわれの生のある特質によってさらに強められる。子どもたちをまともに扱わないとか、そもそも、子どもは取るに足らず、何一つ権利を持ってはおらず、大人の前では常に控えてなければならず、静かにしていなければならないなどということである。このようなことに何か真実があるとしても、それを子どもたちに粗野な仕方で伝えれば、そのことで子どもたちが興奮するのは理解できる。さらに多くの子どもたちが、絶え間なく、何をしても笑われるのではないかという恐れを感じて育つ。子どもたちを嘲笑するという悪習は、子どもの成長にとって有害である。笑われるのではないかという恐れが、後の人生まで続き、大人になってもこの恐れから解放されないこともある。子どもに本当のことをいわないというふうに、子どもを真剣に受け止めないという傾向も有害である。そうすることで、子どもたちは容易にまわりの人や人生の真剣さを疑うようになる。子どもたちが、初めて学校に行った時に、教室でずっと笑っていたが、ついに学校に関するすべてのことを親の冗談であると思い、真面目に受け取れない、と打ち明けたというケースがある。

劣等感の補償——評価と優越性追求

劣等感、不確かであること、不完全であることは、人生において目標を設定することを強い、それを形作るのを助ける。既に子ども時代の最初の日々に、自分を前面に置き、親の注目を自分に向け、そうすることを親に強いる傾向が見られる。これは、人の最初の、認められようと努力することの兆候である。劣等感に影響されて発達するこの努力は、子どもに、まわりの人に優れているように見せるという目標を設定させる。

優越性の目標設定は、共同体感覚の大きさによって規定される。子どもであれ、大人であれ、人の中にある共同体感覚と、他者に対して力を持って優れようとすることの寄与を比較しなければ、人を判断することはできない。目標は、それを達成することで、優越性を感じるか、あるいは、自分の個性を人生を生きるに値するところまで高めるという可能性を約束するように立てられる。この目標は、また、感覚に価値を与え、知覚を支配し、影響を与え、想像を形成し、創造力を導く。

この創造力によって想像が創り出され、記憶されるか、あるいは、記憶から消去されることが決められる。何かを見る時、その感覚も同様に絶対的ではなく、既に精神生活を満たす目標追求によって影響される。われわれの知覚は、常に選択され、一定の隠れた意図で起こるのである。表象も同様に絶対の価値を持たず、この目標に影響され、さらに、どんな体験からも、われわれの目標から目を離さないことに適しているとわれわれに見える面を取り出そうとしている。このように考えれば、ここでもすべては相対的であり、固定した確かな価値があると見えるだけであることがわかる。

　われわれは、虚構という意味で、一種の現実的な創造力において、現実には存在しない固定した点に依存している。この仮定が必要なのは、元来、人間の精神生活が不完全だからである。それは、科学や人生における多くの試みに似ている。例えば、地球を実際には存在していないが、仮定として大きな価値を持っている子午線で区分するような試みである。精神的な虚構のすべてのケースにおいては、次のような種類の現象と関わっている。即ち、われわれは固定点を仮定するが、これは仔細に観察すれば存在しないことを認めないわけにいかない。しかし、そのような仮定をするのは、人生の混沌において方向を定めるためであり、価値をはかれるようにである。感覚から始まったものはすべて、われわれによって計算可能な領域に移される。この領域において、われわれは行為できる。これは、人間の精神生活を観察する時に、固定した目標を仮定することの利点である。

　このようにして、この個人心理学の表象領域から、発見的方法が発達する。即ち、人間の精神生活を、あたかも先天的な能力から、目的設定の影響を受けて、後の状態にまで発達したかのように見なし、理解することである。しかし、われわれの経験と印象は、われわれの中にあるこれらの発見的な方法が、探求の補助手段以上のものであり、その根本において、一部は意識的に体験され、一部は無意識から推定される精神の現実的過程にかなり一致しているということを確信させる。それゆえ、心が目標を立ててそれを追求するということは、単にわれわれの哲学が仮定したものではなく、根本事実でもある。

　力の追求は、人類の文化における突出した悪であるが、どのようにすれば、それに最も有利に対処し、働きかけることができるかという問題に関しては、この追求が、子どもと意思疎通することが難しい時期に始まるという困難がある。誤った発達を明らかにし、矯正を試みることができるのは、ずっと後のことである。しかし、それでも、この時期の子どもとの共同生活は、どんな子どもにもある共同体感覚を、力の追求が優勢にならないように発達させることを可能にする。

　さらなる困難は、既に子どもたちは、力の追求についてあまり公然と話さず、それを隠し、好意や優しい感情に偽装して密かに実行しようとすることである。彼〔女〕らは見つかるのが恥ずかしいので隠すのである。自分を強化しようとする、抑えることのできない力の追求は、子どもの精神生活の発達を損なう。そこで、確実性と力に到達しようとする極端なまでの衝動において、勇気からは厚かましさが、従順からは臆病が生じ、優しさからは他者に譲歩、従順、屈服させようとする奸智が生じる。そして、すべての性格特性は、その公然と表れている性質に並んで、狡猾な優越性の欲求をも含むことになる。

教育は、子どもがその不確実さから抜け出るのを助け、また、人生の技能を訓練し、知識と理解を教え、他者への感情を身につけさせるという意識的な、あるいは無意識的な目的を持って行われる。これらの処置のすべては、それがどの面からくるのであれ、まず第一に、成長する子どもを不安感や劣等感から解放する新しい方法として理解されなければならない。子どもにおいて起こっていることは、性格特性に現れるが、それは子どもの心の中で起こっていることの表現である。不安感と劣等感がどれほどの影響を及ぼすかは、主として子どもがそれをどう理解するかにかかっている。たしかに劣等性の客観的な程度は、重要で、子どももそれを感じるだろう。

しかし、子どもが、この点で正しい評価をすることを期待することはできない。それは大人の場合でも稀である。そこで、困難は大きなものになる。ある子どもは非常に複雑な関係の中で育つので、劣等性と不安感の程度について必ず誤るといっていい。別の子どもは、自分の状況をよりよく解釈することができる。しかし、概して、子どもは自分の感情を常に解釈するが、その解釈はついに何らかの仕方で、解釈が固まり、自己評価として示されるまで日々揺れ動く。この評価がどうなるかに従って、子どもがその劣等感のために求める調停、補償がなされ、したがって、それに応じて、目標設定もなされるのである。

補償を求める心のメカニズムは、苦しい劣等感を克服しようとするが、有機体の中にそれと類似した現象がある。生命を維持するのに必要な器官が衰弱すると、生きていける限り、並外れた力を出して対応し始めるという事実が証明されている。血液の循環不全においては、心臓の働きは強くなり、この力を有機体の全体から引き出し、その際、心臓は大きくなり、通常に機能している心臓よりも大きくなる。同様に、精神器官も、弱さ、無力さ、劣等感に圧迫されている時、激しく努力して、この感情を克服し、取り除こうと試みる。

さて、劣等感があまりに強ければ、将来の生活において損をするのではないかという不安の中で、ただ調停するだけでは満足せず、行き過ぎる危険が生じる（過剰補償）。力と優越性の追求は、極端なものになり、病的になる。このような子どもたちには、人生の通常の関係は、十分ではなくなる。彼〔女〕らは目標をあまりに高く設定してしまうために、大きく目立った行動をしようと身構えるのである。そして、まわりの人のことを考えもしないで、通常の程度を超え、ことのほか性急に強い衝動でもって自分自身の立場を確かなものにしようとする。このようにして、目立つようになり、他者の生活を妨害して入り込み、当然のことながら、自分を守らなければならないようになる。彼〔女〕らはすべての人と対立し、すべての人も彼〔女〕らと対立する。

〔しかし〕すぐにすべてが最悪の意味で進行するわけではない。このような子どもは、外面的には正常に見えるような道を長い間歩むことができる。そして、この道で初めて自分のものとなる性格特性である野心を、まだ他者とあからさまな争いにはならないような仕方で示すことがある。しかし、子どもが行うことが、しかるべく誰をも喜ばせず、真に有用な作用をもたらさないことが、通常、見られるだろう。そのようなことは、われわれの文化には受け入れがたいように見えるからである。というのも、彼〔女〕らには野心があるが、子ども時代にそれを決して実りのあるように導いたり働かさず、極端にまで押し進め、常にそのような野心を持って他者を妨害して、その行く手に立ちはだかるからである。後には、通常、人間社会に敵対的な他の現象がさらにつけ加わる。これには、とりわけ虚栄心、高慢、どんな犠牲を払ってでも他者を支配しようとすることが属する。これが、もはや自分自身をより高くしていこうと努力せず、他者が没落することに満足することとして現れることもある。その時には、彼〔女〕らには、ただ自分と他者の間の距離と、より大きな差異だけが問題になる。しかし、人生に対するこのような態度は、まわりの人の妨げとなるだけではなく、このような現象を生み出す人自身を不快に感じさせるようになる。そのような人は、人生から生きる喜びが生じないような仕方で、人生の暗い面で満たすからである。

　このような子どもたちは、特別に努力することで、他のすべての人を追い越したいと思うが、人類の義務である共通の課題と対立するようになる。力を欲するこのタイプの人を、共同体の人間の理想と比べれば、少し経験を積めば、人が共同体感覚からどれほど遠ざかっているか、ほぼ確認することができる評価に習熟することになるだろう。そこで、人間を知る人は、最大の注意を払ってであれ、身体と精神の欠点に目を向けるべきだろう。それらは、精神生活において発達が困難でなければ生じなかったに違いないということを容易に思い起こさせる。

　このことに目を留めれば、われわれが自らの共同体感覚を十分発達させている限り、その欠点は、決して害を引き起こすことはなく、ただ役立つだけであることに気づくだろう。このことは、まず第一に、身体に障害のある人や、あるいは、共感できない性格特性を持った人について、そのことに責任があるとは見ないということである。また、怒るという権利を可能な限り守り、われわれすべてに当てはまる共通の罪を意識するということである。われわれが、この点において、十分に配慮しなかったからであり、社会的な不幸に共に罪があるからである。このようなわれわれの視点から、状況を改善し、彼〔女〕らを劣ったものとして接することはもはやなくなるだろう。

われわれは、このような認識において、このような人に自由に成長することを可能にし、まわりの世界との関係において、自分を対等の価値があると見なすことを容易にするような雰囲気を最初に創り出さなければならない。先天的な劣等性が外からも見える人を見た時に、いかにしばしばわれわれが不快感を持つかを思い起こせば、共同体感覚という絶対的真理と調和するために、どんな教育を最初にわれわれ自身に行わなければならないか、そして、われわれの文化が、どれほどこのような人に責任を負っているかを判断することができるだろう。

劣等器官を持って生まれてきた人が、他の人が免れている生きることの重荷をすぐに感じ、悲観的な世界観を容易に発達させることは自明である。器官劣等性はたしかにあまり顕著ではないが、正しいにせよ正しくないにせよ、同様に劣等感を持っている他のすべての子どもも〔劣等器官のある子どもと〕同じ状態にいるのである。同じことが、特別の状況によって、例えば、厳格な教育が行われたことによって非常に高められるので、同じ結果になることがありうる。子ども時代の最初に刺さった棘は、もはや抜けることはなく、子どもたちが受けた冷たい仕打ちは、まわりの人に近づくことを恐れさせる。そのため、ついには世界には愛はなく、世界と結びつくことは不可能であると信じるようになるのである。

例をあげよう。ある患者が、重荷に圧迫されたように歩き、義務の意識が強く、自分の行為が重要であることを常に強調することで目立っていた。妻とは、考えられる限り、最悪の関係の中で暮らしていた。二人とも、互いに譲るということがなかったので、最後には、どちらかが一方に優るという結果になった。このことの結果は、不和との闘いであり、その過程で、互いを非難することはますます激しく、深刻なものになり、ついに絆は引き裂かれ、もはや互いに結びつけなくなった。たしかに、この男性は、共同体感覚をまったくなくしてしまったわけではなかったが、妻や友人、さらにその他のまわりの人に示したそのわずかな共同体感覚も、優越者でいるという傾向によって妨げられた。

彼は自分の生活史から次のことを語った。十七歳までは身体の発達が遅れていた。発育は遅く、声は依然として少年のようであり、髭は伸びず、身長は一番低かった。今は三十六歳である。目立つものは何もなく、男性としての外見も申し分なかった。自然は、彼に十七歳まで渡さないでいたものをもたらした。しかし、八年もの間、この成長が停止したことに悩み、当時は、これが自然に消えるかわからなかった。そこで彼は、身体的に遅れ、ずっと子どもとして生涯過ごさなければならないのではないかという考えに苦しんだ。

既にその頃から、後に顕著になることが、目につき始めた。誰かと会うとすぐに、見かけほど子どもではないということを絶え間なく明らかにしようとしたのである。彼がそのようにしたのは、常に自分を重視し、もったいぶり、あらゆる動きと表現手段を、出しゃばろうとする努力のために、役立てるためだった。そこで、時が経つにつれて、今日、彼に見ることができるような特徴が現れた。彼は妻にも、自分が元々彼女が信じているよりは大きく、それゆえ、今よりももっと重んじられるべきだということを絶えずわからせようとしたのである。他方、同じような性質の妻の方は、彼が自分が思っているよりも小さいことを指摘し続けた。このようにして、親しい関係は生じることはなく、婚約の時に明らかな不和の兆候を示していた結婚も完全に破綻した。しかし、このことで同時に、この男性の強く傷ついていた自尊感は、今や、この失敗によって大いに揺らぎ、医師のところにやってきた。彼は医師と共に、人生においてどんな失敗をしたかを知るために、今や初めて人間の本性について知らなければならなかった。自分を劣っていると見ていたが、その誤りは、治療を受けるまでの生涯の間ずっとあったのである。

ガイドラインと世界像

このように探求する時、あたかも子ども時代の印象から始まって、今の状態に至るまで一本の線を引けるように連関を見るのが便利である。そうすれば、多くの場合、人がそれまでたどってきた心理的な線を引くことができる。それは、人間の生が、子ども時代からタイプに従ってたどってきた運動の線である。多くの人は、おそらく、あたかもこれが、人間の運命を軽視する試みであり、〔他方〕われわれが自分の運命を自由に判断し切り開くことを否定しているかのような傾向を持っているという印象を持つだろう。自由意志については、批判は当たっている。なぜなら、実際に作用しているのは、常に人間の運動の線だからである。その形成は、おそらくある修正を受けるけれども、それでも、その最も主たる内容とそのエネルギーや意味は、子ども時代から確固として変わらないのである。しかし、その際、後に人間社会の大きな環境によって取って代わられる子どもの環境との連関はないのではない。その際、人間の歴史を、子ども時代の最も早くにまで遡って絶えず探求しなければならない。なぜなら、乳児期の印象が、既に子どもに一定の方向を示し、子どもに人生の課題に一定の仕方で答えることを要求するからである。これに答えるために、発展の可能性として持って生まれたもののすべてが用いられ、既に子どもが乳児期に曝される圧力は、子どもの人生の見方、世界像に、幼稚な方法で影響を与えるのである。それゆえ、乳児期から本来その人生への態度において、その表現が人生の最初の表現とは非常に違ったものになるとしても、人があまり変わらないということは、驚くべきことではない。

　それゆえ、早くから乳児を誤った人間理解を得ることが容易な関係に置かないことが重要である。ここで決定的に重要なのは、とりわけ、子どもの身体的な状態の力と抵抗力、子どもの社会的状況、教育者の特性である。たとえ、最初は〔人生への〕応答が、ただ自動的で反射的になされるとしてもである。合目性という意味では、子どもの態度は、やがて、もはや必要性という外的な要因だけが、苦しみや幸福を形成するのではなく、後になって、自分の力でこれらの要素の圧力から遠ざかることができるように変わる。このような子どもたちは、認められようと努力することにおいて、彼〔女〕

らの教育者の圧力を振り切ろうとし、そうすることで、対抗者になろうとする。この過程は、いわゆる自我形成の時期、即ち、子どもが、自分について話したり、あるいは、一人称で話し始める時にほぼあたる。この時に、子どもは既にまわりの世界に対して、確固とした関係にあることを意識している。この関係は、中立的ではなく、子どもに対して世界像の意味でとらえられた幸福を求めるように態度決定をし、それへの関係を整えることを強いる。

さて、われわれが人間の精神生活における目標追求について語ったことを確かめるならば、この運動の線には、破壊できない統一性があることが独自の特徴でなければならないことが明らかになる。これはまた、われわれに、統一された個性として把握される。このことは、とりわけ人が互いに矛盾しているように見える表現運動を示す時に重要である。学校と家庭では態度がまったく対立している子どもがいる。また、性格特性が互いに完全に同じようであるが、仔細に調べると、二人の根底にある運動の線からは、両者がまったく反対であることもありうる。二人が同じことをしていても、同じではない。しかし、二人が同じことをしていなくても、それでも同じであるということがありうるのである。

〔そこで〕精神生活の現象を、その多義性に従って、個別の、互いに孤立したものとして見るのではなく、反対に、連関するものとして、しかも、すべてが統一された共通した目標に向けられていると見ることが重要である。一つの現象が、人生の全体との連関において、その人にとって持っている意味が重要である。その人に現れるすべてのことは、統一的な方向に属していると考えることが、その人の精神生活の理解への道を開くのである。

人間の思考と行動は、目標を追求するということ、そして、目標を条件づけ、それに向けられるということを理解すれば、最大の誤りがどこで起こりうるかも理解できる。誤りは、人が人生のすべての勝利やその他の長所を、またもや、自分の特性に関連づけ、個人的なスタイルとガイドラインを強化するという意味で利用することによってなされるのである。このことは、すべてのことを科学こそ、この過程に初めて光を当て、われわれに過程の全体を把握、理解し、ついには、それを〔客観的に〕吟味せず、意識〔の光〕と無意識の闇の中で受け入れ管理することによって、可能になる。変えることも可能にする。この点に関するわれわれの議論を、次のような例をあげて締めくくろう。その際、どんな個々の現象も、これまで獲得された個人心理学の認識の助けを借りて分析し、解明したい。

ある女性が、患者としてやってきて、克服できない不満について訴えた。そして、そのことの原因を一日中あらゆる種類の多くの仕事をしなければならないという状況にあるとした。私が外面から観察できたのは、せかせかしていること、不安げな眼差しをしていることだった。出かけようとしたり、何か仕事をしようとする時に起こる大いなる不安を訴えた。まわりの人から、彼女が万事を深刻に受け取り、仕事の重荷でつぶれそうに見えるということを聞いた。彼女から受けた全般的な印象は、まず万事を非常に深刻に受け止めることだった。これは多くの人に見られる。家族の一人が、彼女の特徴として、いつも大騒ぎをした、と話した。

しなければならない仕事を特別に深刻で重要なものと受け取る傾向を、その重さに即して、このような態度が人の集まりの中で、あるいは、結婚生活の中で何を意味するかを理解することによって吟味すれば、この傾向は、まわりの人への、最も必要な仕事ももはやできないので、これ以上重荷に耐えられない、と訴えているように見える。

　これまでこの女性について知っていることだけでは十分ではない。もっと話してもらわなければならない。このような調査は、自分を誇示することなく、ふさわしい繊細さで行わなければならない。さもなければ、患者の反抗的な態度を呼び起こすことになるだろう。推測してたずねるか、それどころか、たずねさえしないのがいいくらいである。〔信頼関係ができて〕対話ができる可能性があれば、われわれのケースにおけるように、ゆっくりと、次のことを示唆することができる。即ち、彼女の全存在、態度の全体が、他者に、おそらくは夫に、これ以上重荷に耐えられないということ、注意深く接し、優しくすることを要求していることをわかってほしいと示そうとしているということをである。さらに先に続けて、すべてはいつかどこかから始まったのであり、促進されたに違いないことを示すことができる。彼女に、以前、優しさが得られなかった時代を耐えなければならなかったということを認めるようにすることもできる。今やわれわれは、彼女の態度は、配慮してほしいという欲求を強化することであり、暖かさを求めても得られないような状況がまた起こることを避ける努力であることが、よりよくわかる。

　われわれの所見は、彼女がさらに語ったことによって確かめられた。彼女とは多くの点で反対である女性の友人について話したのである。その友人は、不幸な結婚生活を送っており、そこから逃れたいと思っていた。ある時、彼女はこの友人に出会った。その時、その友人は、本を手にしていて、退屈そうな声で、夫にその日昼食を時間どおりに作れるかわからない、といった。そのことは、夫を興奮させ、彼女を激しく批判し始めた。われわれの患者は、この事件について次のように付け加えた。「私の観察が正しいのなら、私のやり方がずっといい。誰も私にそんな非難はしない。なぜなら、私は朝から晩まで仕事で手一杯だから。私のところで昼食が時間どおりに用意ができなくても、その時間は忙しく、いらいらが続いているので、誰もそんなことはいえない。この方法を止めるべきなのですか？」

彼女の心の中で何が起こっているかがわかる。比較的害のないやり方で、ある優位に立つが、どんな非難も免れ、常に優しく扱われ、自分が優しいことを弁護しようとする試みがされているのである。これがうまくいっているので、このことを断念するように促すことはほとんど考えられない。しかし、この態度には、さらに他のことが隠されている。優しくすることを求めることは、結局、他者よりも優位に立つことを求めることだが、どれほど強く優しくされても十分ということはない。そこで、この連関で様々な種類の不快なことが起こることになる。何かをなくしたとか、見つからない時に、大騒ぎをし、面倒なことがあれば、頭痛が起こり、安楽に眠ることができなくなる。いつも心配にとらわれているからであるが、彼女の努力を正当なものに見せるためにだけ、あまりに大きいと見て、このことを、誇張するのである。誰かに招待されることも既に大変なことだったのである。その招待を受けるためには大変な準備が必要だった。彼女にはどんな小さな仕事もあまりに大変なことに見え、パーティに行くことも、何時間も、それどころか何日も必要な大仕事だった。このような場合、訪問の取り消し、少なくとも延期がされることは、ほぼ確実に予期される。このような人の生活においては、社交は、一定の限界を超えることはない。

　結婚のような二人の関係においては、優しさを要求することによって、ことのほか重大になる多くの関係がある。夫が仕事で留守をしなければならず、友人仲間があって、一人で訪ねなければならないとか、あるいは、所属するクラブの集まりに顔を出さなければならないことがある。このような場合、妻を一人で家に残すことは、優しさや、配慮を求めることを傷つけることにならないだろうか？　最初は、おそらくわれわれは、結婚は、相手をできるだけ家に縛ることを正当化する、と仮定する傾向があるだろう。実際、しばしばそうである。このことを要求することは、共感できる面もあるが、実際には、仕事に就いている人には、これは克服しがたい困難をもたらす。そうなると、もめごとは避けられず、われわれのケースのように、戸締まりをして、注意深くそっとベッドに入ろうとすると、妻がまだ起きていて、非難に満ちた表情で迎えることに夫は驚くことになる。

　この種の状況はよく知られているので、これ以上述べることはないだろう。何か妻の側の小さな誤りが問題なのではなく、同じように考えている男性も同じほど多いことも見逃してはならない。しかし、ここでは、特別に優しくあることを求めることが、別の道を取ることもありうるということを示すことが、重要である。われわれのケースでは、通常、次のようなことが起こる。夫が、ある晩、外出しなければならない時、妻は夫に、集まりに出かけることはめったにないのだから、今夜はそんなに早く帰れなくてもいい、という。彼女はこれを冗談めかしていうけれども、それにもかかわらず、彼女の言葉は本心も含んでいるのである。見たところ、これまでいわれてきたこととは一致しない。しかし仔細に見れば、一致しているのがわかる。妻は、自分では考えてはいなかったが、あまり厳しく見えないようにするほど賢明なのである。彼女は、どんな関係においても、外面的には非常に愛想がいいように見えた。われわれのケースでは、彼女に非難するところはないのだが、心理的にわれわれの関心を引く。彼女の夫への言葉が本当に意味しているのは、今や命令を与えたのは妻であるということなのである。今は、〔夫ではなく〕妻が許したのだから、遅く帰っても許されるのだが、他方、もしも夫が自分の意志でそうしたのであれば、妻はひどく感情を害されただろう。そこで、彼女の言葉は、全体の連関を隠すことになった。今や彼女が支配しているのであり、夫は社会的な義務を果たしているだけだが、妻の願望と意志に依存することになったのである。

特別の優しさを要求することを、この女性は自分で命じることだけに耐えられるというわれわれの新しい知見と結びつけると、われわれは突然次のことに気づくことになる。即ち、この女性の全生涯は、決して二番手を演じることなく、常に優位を保ち、どんな非難によっても自分の立場から投げ出されることはなく、常に彼女の小さなまわりの世界の中心にいるという途方もない衝動に貫かれていたに違いないのである。この線は、彼女のどんな状況にも見ることができるだろう。手伝いの女性を変えることが問題になった時もそうだった。その時、彼女は、明らかに、これまで慣れてきた支配を新しい手伝いの女性にもしかるべく持ち続けることができるかを心配して、ひどく興奮した。外出の準備をする時も同じようだった。彼女にとっては、自分の支配が無条件に保証されているように見える領域の中で生きることは、家を出て、通りで知らない人の中に入ることとは別のことである。通りでは、突然、もはや何も自分の意のままにはならなかったし、どんな車も避けなければならず、したがって、ほとんど取るに足りない役割しか演じることができないからである。この緊張の原因と意味は、そこで、この女性が、家でどんなに満ちあふれた権力を要求しているかを考えて初めて明らかになるだろう。

　このような現象は、しばしば非常に共感的な人に見られるので、一見したところ、このような人が悩むとはまったく思いもよらない。この悩みは、高い段階まで達することがある。われわれのケースのように、このような緊張を増大して考えさえすればいい。そこで、市街電車を使うことを恐れる人がいる。そこでは自分の意志を持つことができないからである。このことが、ついには家からもはや出て行こうとしないところまでに進むことがある。

　われわれのケースは、さらに発展した時、子ども時代の印象が人の人生に繰り返しずっと影響を与えることの教育的な例となる。この女性が、彼女の視点から見れば、正しいことは、否定できない。なぜなら、法外な激しさで暖かさ、尊敬、優しさを要求するという目標を定め、全生涯をその方に向けるならば、常に重荷を負っているように、そして、興奮しているようにふるまうという方法は、それほど悪くはないからである。そうすることで、どんな批判もかわすことに成功するだけではなく、そのことで、まわりの人をいつも優しくいさめ、援助し、このようにする人の精神の平衡を乱しうるようなことを避けるようにし向けることに成功するからである。

われわれの患者の人生をずっと遡れば、次のようなことを聞くことになる。既に学校で宿題ができなかった時に、ひどく興奮したので、教師は彼女に優しくするしかなかった。さらにこんなこともいった。彼女は三人きょうだいの第一子で、下に弟、さらにその下に妹がいた。弟とはいつも喧嘩をした。弟は、彼女には常に最もひいきされているように見えた。そして、まわりの人が、彼の成績に大いに注目することに、特別に腹を立てた。彼女は最初は優秀な生徒だったが、いい成績を取っても無関心に扱われたので、もはや我慢できず、なぜ不公平な基準ではかられるのか、とくよくよと思い悩んだ。

われわれは、既にこの少女が対等であることを求めているということ、子ども時代から強い劣等感を持っていたに違いないということ、そして、それを取り除こうと試みたということを理解している。彼女はこのことを学校で悪い生徒になるという方法で行った。悪い成績を取ることで、弟よりも優ろうとしたのである。これはほめられることではないが、子どもっぽい意味でなされたのであり、親の注目を格別に強く自分に向けるためであった。しかし、この過程は、少しは意識されていた。悪い生徒でありたかった、と断言しているからである。

しかし、両親は、彼女が学校の成績が悪くても、少しも気にしなかった。そこで興味深いことが起こった。突然、学校でいい成績を取ったのである。しかし、今度は一番下の妹が、目立った仕方で登場してきた。この妹も学校で悪い成績を取った。母親は弟と同じように妹のことを心配したのだが、奇妙な理由からだった。われわれの患者は、学科だけで悪い成績を取ったのだが、妹は素行面でも問題があったのである。このようにして、妹は注目を自分の方に向けることに成功した。素行面での悪い点はまったく別の社会的な効果があるからである。それは特別の基準と結びついているので、両親は妹をより心配することを強いられたのである。

そこで、対等をめざす闘いは、さしあたり挫折した。ここで対等をめざす闘いに挫折したことが、この過程に休止符を打つことにはならなかったことを確かめておかなければならない。誰もこのような状況に耐えられない。ここから何度も繰り返し、新しい活動が始められ、新しい努力がなされ、それらは、この人の性格像を形作ることに貢献することになった。われわれは、今や、これらの大騒ぎ、性急さ、常に抑圧され、過度の重荷を背負っているように自分を見せる努力をよりよく理解できる。もともとすべては、母親に向けられていたのであり、両親に、他のきょうだいに向けるのと同じ注目を自分に向けることを強いるものだったが、同時に、きょうだいよりも自分を劣った仕方で扱うことへの非難でもあったのである。当時作られた彼女の根本的な気分は、今日まで保持されている。

彼女の人生をさらに遡ることができる。特別に印象深い子ども時代の体験として、彼女は次のことをあげた。三歳の時、生まれたばかりの弟を棒で殴りたいと思ったが、母親が注意していたので、大事には至らなかったというのである。並外れて繊細な勘で、この少女は、既に当時、自分が冷遇されていることと、あまり評価されないことの原因は、自分が女にすぎないからであることを見出していたのである。彼女が非常にはっきりとその頃男になりたいという願望を口にしていたことを思い起こすことができる。弟が生まれたので、それまでの暖かい巣から引き離されただけでなく、弟が男としてずっとよい待遇を受けたということで気分が害されたのである。この不足を補償しようと努力するうちに、やがて常に自分を重荷を負っているものとして見せるという方法を思いついた。

人の運動の線が、いかに深く精神生活の中に錨を下ろしているか、夢を見てみよう。この女性は、家で夫と会話をした夢を見た。その中で夫は男性ではなく、女性に見えた。これは、体験と関係に向き合う彼女のライフスタイルを象徴している。この夢は、彼女が夫との対等を見出したという意味である。夫は、もはや昔の弟のように、優越した男性ではなく、既にほとんど女性のようである。二人の間には、もはや高さの違いはない。彼女は、夢の中で、もともと既に子ども時代に常に望んでいたことを達成したわけである。

そこで、われわれは、人の精神生活における二つの点を結びつけることによって、人生の線、ガイドラインを見出し、その人についての統一的な像を獲得することができた。これを要約して、次のように特徴づけることができる。われわれの前にいるのは、愛すべき手段で優越した役を演じようと努力する人である。

第六章　人生への準備

個人心理学の原則は、次のようである。精神生活のすべての現象は、念頭に浮かぶ目標のための準備として理解されるべきである。ここまで述べてきた精神生活の形成は、われわれにとって、個人の願望が満たされるように見える未来のための準備という意味を持っている。これは人間に普遍的な現象であり、すべての人がこの過程を通過しなければならない。このことは、いつかやってくるか、あるいは既にかつてあった理想状態について夢中になって話す古い神話、伝説、聖人伝も、われわれに物語っている。あらゆる民族が楽園喪失を固く信じていることもこれに属しており、人類のこの憧れの反響は、すべての苦しみが克服される未来に期待されるあらゆる宗教に見ることができる。魂が、繰り返し新しい形を取りうるという信仰は、至福、あるいは、永遠の再来を意味している。あらゆる童話は、幸福をもたらす未来を希望することが、人類において決して終わっていないことの証拠をわれわれに与える。

遊び

子どもの人生には、はっきりと未来への準備を示す現象がある。遊びのことである。遊びは、決して親やその他の教育者の気まぐれな思いつきではなく、むしろ、教育を助けるものであり、精神、空想、器用さを刺激するものである。遊びにおいては、通常、未来への準備を見ることができる。そこで、子どもがどんなふうに遊んでいるか、どんな遊びを選ぶか、子どもが遊びに与える意味に、未来への準備を見ることができるのである。同様に、遊びにおいては、子どもがまわりの人とどんなふうに関係を築くか、仲間にどんなふうに対しているか、即ち、友好的か、敵対的か、特に支配する傾向が強調されているかが常に示される。また、遊んでいる時に、子どもが人生にどのように向かっているかを見ることができる。したがって、遊びは、子どもにとって、非常に重要である。子どもの遊びを未来への準備として見るというこの事実の発見は、この傾向が動物の遊びにもその基本としてあることを明らかにした教育学のグロース教授[1]に由来する。

しかし遊びは、未来への準備以上のものであり、とりわけ、共同体感覚を実証するものでもある。共同体感覚が、子どもにおいて非常に大きければ、子どもはあらゆる状況において遊びに満足を求め､強くそれに引きつけられる。〔しかし〕遊びを避ける子どもは､常に失敗することを恐れている。引きこもることを好み、他の子どもたちと引き合わされる時には、遊びの興をそぐようなことしかしない。高慢、自己評価の不足、したがって、自分の役割をうまく演じられないのではないかという恐れが、このことの主たる理由である。一般に、遊びにおいて、子どもたちの共同体感覚の大きさをきわめて確実にはかることができる。

遊びにおいて非常に明らかになる別の要素は、命令したり支配する傾向に見られる優越性の目標である。これは子どもが出しゃばるかどうか、どのようにしてそうするかということ、そして子どもがこのような傾向を満足させ、支配的な役割を演じる機会を子どもに与える遊びを、どの程度まで他のことよりも好むかによってわかる。この三つの要素、即ち、人生への準備、共同体感覚、支配欲の少なくとも一つに関係しないような遊びはほとんど見出されない。

しかし、遊びにつきまとうさらに別の要素がある。子どもが遊びの形で自分を表現する可能性である。遊びにおいては、子どもは、多かれ少なかれ自分を頼りにしており、その行動は、遊びによって、他の子どもと結びつくことが強いられる。創造的な契機を前面に出す遊びは数多くある。とりわけ、子どもに創造的な傾向を確証するための広い場を提供する遊びは、未来の仕事のために重要な要素を自らのうちに隠している。そこで、多くの人の人生において、例えば、最初は人形の服を作り、後には大人のためにそうするようになったということはよくあることである。

遊びは、子どもの精神の発達と分かちがたく結びついている。子どもは、いわば遊びの中で、仕事に従事しているのであり、そのように理解しなければならない。それゆえ、子どもが遊んでいるのを邪魔することは、有害である。遊びを時間の空費と見てはならないのである。未来への準備という目標を考えれば、どの子どもにも既に、いつかそうなるだろうと想像できる大人の姿が潜んでいる。それゆえ、人を判断する時に、その子ども時代のことを知ることは、われわれにとって、その判断を容易にするために重要なことなのである。

注意と注意散漫

人の行為能力の前面にある精神器官の能力は、注意することである。われわれが、感覚器官をわれわれの人格の外や内での出来事に注意深く関連づける時、われわれはことのほか緊張しているという感覚を持つ。ただし、その緊張は、身体の全体には広がらず、一定の感覚領域、例えば、目に限定される。われわれは、あたかもここで何かが処理されているかのような感覚を持つ。実際、この時、われわれにこの特別の緊張感を伝える運動過程（焦点を合わせること）が問題であることを、確かめることができる。

さて注意を向けることが、精神器官とわれわれの運動器官の一定の領域に緊張を引き起こす時、そのことは同時に他の緊張が抑えられるということである。そこで、われわれが一つのことに注意を向けるや否や、そのことを妨げるどんなことも排除したいと思うのである、と説明される。したがって、注意とは、精神器官にとって、準備ができていること、事実とのまったく特別な結びつき、われわれの全力が特別の目標のために使われる、緊急時や異常な状態から生じる攻撃や防御運動への準備を意味する。

精神的な病気の場合は別として、誰でも注意力を持っている。それでも、しばしば、注意力を欠いている人がいる。このことには多くの理由がある。まず第一に、疲労や病気である。これらは、注意力を発達させる能力を妨げる要因である。さらに、注意が足りないのは、まったく注意したくないということが理由である人がいる。そのような人が注意を向けるべき対象が、彼〔女〕らの人生目標や運動の線に合致しないからである。それに対して、何らかの仕方で、人生の線に合致することが問題になる時には、注意力はただちに目覚める。注意力が足りないことのさらなる理由は、反対する傾向の中にある。子どもたちは何にでもすぐに反対する。このような子どもたちは、提案されたことに、いや、と答える。その際、子どもたちが反対することを誇示するようなことがあってはならない。このような場合、教材を子どもの無意識のライフスタイル、指針に結びつけ、子どもをそれと和解させるという教育の方法を取らなければならない。

　あらゆることを見たり聞いたりして、どんな現象も変化も知覚する人もいる。〔しかし通常は主として〕視覚器官でいわば世界に向き合ったり、聴覚器官で向き合う。後者は、見られるものが問題になっている限り、何も見ないし、注意を向けず、関心を持たない。このことも、人が、非常にしばしば、本来注意することが期待されるところで、注意を欠いていることの理由である。

　注意を喚起するための最も重要な要素は、本当に深いところにある関心である。この関心は、注意よりもずっと深い心の層にある。関心があれば、注意もするというのは、自明であり、教育がそのことに何かの影響を与える必要はない。教育は、人が関心を持っている領域を、一定の目標のために、自分のものにする手段にすぎない。人が誤ることなく発達することはないので、誤った道を進むことはよくあることである。人のこの誤った態度によって、当然、関心は、固定したものになり、そのため、人生への興味を準備するという観点からは、重要ではないものに向けられることもある。そこで、人の関心が、例えば、自分自身に向けられたら、とりわけ、人が所有している力にあまりに向けられれば、力への関心が喚起され、その場合、人が何かを手に入れたいのであれ、あるいは力が脅かされているのであれ、いたるところで注意深くなっているのがわかるだろう。力への関心の代わりに別の関心が現れれば、注意はもはやそこに長く縛られることはないだろう。ことに子どもたちの場合、認められることが問題になる時に、すぐに注意深くなるが、注意が得られないと感じたら、速やかに消えてしまうことがはっきりと見られる。ここに多様な連関と注目すべきことが現れる。

　注意力が欠けるということは、本来、注意をすることが期待されていることから逃れたいと思っているということである。注意を逸らすことは、ただ何か別のことへ注意を向けることによって、成し遂げられる。それゆえ、誰かが「集中する」ことができないということは正しくない。何か他のことに関してであれば、よく集中できることが、いつもはっきりと示されるからである。いわゆる意志、あるいは、エネルギーの喪失も、集中力が欠如するケースと同様である。ここでも、大抵、不屈の意志とエネルギーを見ることができるが、ただしそのエネルギーは違った方向に向けられるのである。このようなケースを治療することは、容易ではない。それは、このような人のライフスタイルの全体を見つけることによってのみできる。どのケースにおいても、欠如は、何か他のことが求められているから起こる、と仮定できる。

不注意は、多くの人の場合、恒常的な性格特性になる。ある仕事が割り当てられるが、何らかの仕方でそれを拒否するか、あるいは、いい加減な仕事をするので、他の人に面倒をかける人によく会う。彼〔女〕らが絶えず示す性格特性は、不注意であり、彼〔女〕らに要求される仕事に取り組もうとするや否やすぐに起こる。

過失と健忘症

過失について通常語られるのは、人の安全や健康が、なおざりにすることや不注意によって、必要な配慮がされずに脅かされる時である。過失は、人の完全な不注意を示す現象である。注意が欠如しているのは、仲間に無関心だからである。このような過失の特徴から、例えば、子どもが遊んでいる時に、自分自身のことをより多く考えているか、あるいは他の人のことを十分に考えているかを見ることができる。このような種類の現象は、人の公共心、共同体感覚の正しい尺度である。共同体感覚が十分発達していなければ、たとえ罰で脅しても、他者への関心は、呼び起こすことができたとしても、そのことには大変な苦労を要する。他方、公共心が発達している人においては、他者への関心は、難なく呼び起こされるか、ないしは、既に存在しているのである。

それゆえ、過失は、共同体感覚の欠如である。それにもかかわらず、ここではあまりに大きな不寛容さは、適切ではないだろう。なぜ人が、われわれが期待している関心を持っていないかを、常に探求しなければならないからである。

重要なものをなくすような健忘症は、注意を制限することによって起こる。おそらくここには、より大きな注意、即ち、関心があるという可能性がある。しかし、それにもかかわらず、注意や関心は、十分なものではなく、何かをなくしたり、忘れることが引き起こすある不快さに妨げられて、それを助長したり、あるいは生み出すことになる。例えば、子どもが本をなくすような場合である。大抵は、子どもが学校での〔対人〕関係にまだ十分慣れていないことが容易に確かめられる。また、たえず鍵を置き忘れたり、なくす主婦がいる。ここでも大抵はこのような主婦は家事をしかるべく喜べないということがわかる。忘れっぽい人は、公然と反抗しないが、忘れることで、自分の仕事への関心を欠いていることを示しているのである。

無意識

われわれの叙述においては、しばしば問題となっている出来事や現象について、当の本人が、大抵は、それについて語ることができないということが既に明らかになったであろう。注意深い人が、例えば、なぜすぐにすべてのことが見えるのか、いえることはめったにないだろう。また、意識の領域においては見つけられないような精神器官の能力もある。意識的に注意することは、ある程度までは、強いられることによって可能であるけれども、それでも、注目を引き起こす刺激は、意識の中にはなく、関心の中にあって、その関心が、大部分は、無意識の領域の中にあるのである。

その無意識の中に、人の運動の線、ライフスタイルを形作る力を求め、見つけることができる。

意識の中には〔無意識の〕反映が、しかも、反対のものがあるだけである。そこで、例えば、虚栄心の強い人は、大抵の場合、自分の虚栄心について気づいていない。むしろ、反対に、謙虚さが誰の目にも明らかになるようにふるまう。虚栄心があるためには、そのことを知ったり、はっきりと理解する必要はまったくない。たしかに、理解することは、その人の目的にとってはよくない。なぜなら、知っていれば、謙虚にふるまうことはできないからである。彼〔女〕は、自分の虚栄心について何も知らず、注意を別のところに向けている時にだけ、たしかにずっと俳優のような気分でいられるのである。そこで、過程の全体は、大部分が、闇の中で進行する。そのことについて話そうとすれば、そうすることが非常に困難であることがわかるだろう。なぜなら、彼〔女〕はいわば邪魔をされないために、話題を避け、逃げ出す傾向があるからである。しかし、このことは、われわれの理解が正しいことを確認することになる。このような人は、遊びを続けようとするし、ベールを曝こうとする人を攪乱者と感じ、今やそのような人に抵抗するだろう。

　このような態度に従って、人を次のように分けることができる。即ち、自分の内面で起こっていることについて、平均よりも多く知っているか、知らないか、意識の範囲が広いか狭いかである。このことは、大抵の場合、人が人生の狭い範囲に集中しているか、あるいは、多方面で結びついており、人生と世界の出来事に関心を持っているということに一致している。われわれは既に次のことも理解できる。抑圧されていると感じている人は、大抵、自分を人生の小さな断面に限定する人である。また、人生にいくらか背を向けている人は、人生の問題を共同体の一員である他の人ほど明らかに見ていない。そのような人は、繊細な点をあまり理解することができない。限られた関心しか持っておらず、人生の問題のわずかな部分しか見ず、その全体の範囲を正しく照らすことができないからであり、自分の力を失うことがないように人生の問題を避けているからである。

人生の個々の現象についていえば、しばしば、次のことが認められる。ある人は、自分の人生に対する能力を知らず、それを過小評価しているが、自分の欠点についても十分には知らず、実際にはすべてが利己主義から発しているのに、自分をよい人と見なしているということである。あるいは、反対に、自分を利己主義者と見なしているが、仔細に見れば、いい人であることがわかるということである。人が自分のことをどう思っているか（あるいは他の人が自分のことをどう思っているか）は重要ではなく、人間社会の内部での態度全般が重要なのである。これが、人がこの世界の中で欲し、関心を持っていることのすべてのことを規定し、導くからである。

実際、ここでも、人間の二つのタイプが問題になる。一つのタイプは、より意識して生き、人生の問題に、より視野を広く持って向かう人で、もう一つのタイプは、偏見を持って、人生と世界の小さな部分を見て、無意識に行動し、話す。そこで、一緒に生きている二人の人が、一方が絶えず反対するのでうまくいかないということが起こる。これは稀なケースではないが、頻度に関しては、おそらく両方が絶えず反対しているケースが多いだろう。〔しかし〕当事者は、反対しているということは、少しも知らない。それどころか、常に自分は正しいと信じ、平和を望んでいるのであり、協調することを最も高く評価している、という。しかし、事実は、その人がいうこととは反対であり、実際には、一方が一言いえば相手の側面を突いて反論するが、これは外面的には目立たない。厳密に見れば、この反論は、敵対的で、好戦的な気分に満たされているのがわかる。

このようにして、多くの人は、自分の内に常に働いている力を発達させるが、そのことについて知らない。この無意識の中にある力は、人の人生に影響を与え、明らかにされないと、重大な結果に導きうる。ドストエフスキーは、このようなケースを彼の『白痴』[2]の中で、常に心理学者の驚嘆を呼び起こす仕方で描いた。社交の集まりで、ある女性がこの小説の主人公であるムイシュキン公爵に、いささかいやみな調子で、近くにある高価な中国製の花瓶をひっくり返さないように注意してほしい、といった。それに対して、ムイシュキンは注意すると約束した。しかし、数分後、花瓶はもう割れて床に転がっていた。集まりにきていた誰も、このことが偶然ではなく、女性の言葉に侮辱されたと感じたこのムイシュキンの全性格に由来する、まったく首尾一貫した行為だと見ようとした。

われわれは、人を判断する時、意識的な行為や表現から推論することに頼らない。われわれは、非常にしばしば、人の無意識の思考と行為の小さな詳細によってより正しく確実に導かれるのである。

そこで、例えば、爪を噛んだり、鼻をほじくることなどのような目立った悪癖を持つ人は、そのことによって、自分が反抗的であることを示しているとは、まったく知らない。このような悪癖へと導くことになった連関を知らないからであり、連関を知らないのは、子どもの時、そのような種類の悪癖の故に、繰り返し注意されたに違いなく、それにもかかわらず、それを止めないのは、その人が反抗的であるに違いないことは明らかだからである。われわれの目がもっと訓練されていたら、人のどんな運動からも、有効な手がかりを引き出すことができるだろう。これらの些細なことのすべてに、人の全体の本質が隠されているからである。

　二つのケースによって、次に述べる出来事が無意識のままであり、無意識でなければならなかったということが、どんな意味を持っているか、したがって、人の心は意識を支配する能力があること、即ち、精神の運動の立場にとって必要な時には、何かを意識させ、反対に、同じ目的のために必要であると見える時には、何かを無意識にさせる能力を持っていることを示したい。

　最初は、若い男性のケースで、彼は第一子として妹と共に育った。母親は彼が十歳の時に死んだ。その後は、非常に知的で好意的であり、きわめて道徳的な父親が、子どもの教育をしなければならなかった。その際、息子の野心を発達させ、刺激するように努めた。息子の方も、常に最前列に立とうとし、優秀に育ち、実際、道徳的な資質においても、学問的な資質においても、仲間の中で常に一番であり、そのことは、父親を大いに喜ばせた。既に早い時期から、父親に、人生において重要な役割を果たすよう期待されていたのだった。

　しかし、この若者の人生に対する態度には、父親を心配させる多くのことが現れた。父親はそれを改めようとした。妹が強力なライバルになったのである。妹は、兄と同様、立派に成長し、常に弱者であるという武器を使って勝とうとし、兄を犠牲にしてまで認められようとした。妹は家事を得意とするようになったが、兄はこれに太刀打ちできなかった。彼が進歩するにつれて仲間からは常に与えられ、手に入れていた、名声、評価、ある程度の服従を妹からは得ることができなかった。父親は、息子が、社交生活において奇妙な態度を示すようになったことに、すぐに気づいた。それは特に思春期になった時に顕著になった。手短にいえば、社交的にはならなかったのであり、初めて会う人は無論、知っている人とも会うことを嫌い、知り合うことになると逃げ出すようになった。父親は、最初はこのことを問題とは思わなかった。しかし、この現象は、若者がもはやほとんど外に出ようとはせず、散歩までもが、夜遅い時間でなければ、不快なものになるところまでになった。彼は引きこもるようになり、知っている人にも挨拶をしようとさえしなくなった。〔しかし〕学校での立場と父親に対する立場は、いつもまったく非難の余地のないものであり、資質はいつも期待できるものだった。

　もはやどこにも連れて行くことができなくなった時に、父親は医師のところにきた。何度かの診察の後、次のことが明らかになった。この若者は、耳があまりに小さいので、そのために、人から嫌われていると思っていたのである。実際にはそんなことはまったくなかった。彼のいっていることは当たっていないという非難に対して、交際から逃れようとして、歯も毛も醜いといいはったが、これも事実とは違った。

　それに対して、彼が途方もない野心に満たされていることがわかった。彼はこのことを知っており、そのことの一部は、父親がいつも人生において高い位置につくように努力するよう促していたことのせいにした。彼が将来の計画として最終的に達成したいことは、学問に献身することだった。そのことは、もしも共同体や、他者と結びつくことを避けるという傾向と結びついていなかったら、目立つことはなかっただろう。彼は、どのようにして、このような、まさに子どもっぽい議論に達したのだろうか？　その〔自分が醜いという〕議論は、もしも正しければ、おそらく、彼が一定の用心と不安をもって人生に乗り出すことを正当化することができたであろう。醜いということは、当人にとって時に困難をもたらすからである。

　さらに調べると、次のことが明らかになった。この若者は、ある目標を持っていて、それを激しい野心で追求していたのである。以前は一番だったが、今後もそうありたかった。この目標を達成するためには、様々な手段を使うことができた。集中すること、勤勉であることなどである。しかし、彼にはこれだけではあまりに少なすぎることは明らかだった。彼は病的なまでに自分に余計と思えるものをすべて排除しようとしたのである。おそらく、はっきりと意識して、いうことができただろう。「僕は有名になりたいし、そのために学問に献身したいので、あらゆる社交関係なしにすますことが必要なのだ」

　しかし、彼はこのようにいわなかったし、考えもしなかった。むしろ、この目的のために、彼がいう醜さという小さなことに注目した。そこで、この取るに足らぬことを強調することは、彼にとって、実際に望んでいたことを与える価値のあることだった。ただ、偽りの議論をしたり、大げさに説明したり、密かな目標を追求するために、必要な熱狂を奮い起こさなければならなかった。もしも、彼が一番になるために苦行者のように生きたいといったら、誰もが同じことをただちに見抜き、理解しただろう。彼にとっては、一番の役を演じたいという考えは、無意識には親しいものだったが、意識の中ではそのことについては何も見出さなかった。

なぜなら、この目標のために、他のすべてのものを賭けたいとは考えなかったからである。もしも自分の目標にすべてを犠牲にするということを意識的に企てていたら、自分は醜く、社会の中に入っていかないといったことによってよりも長く安心できなかっただろう。一番になりたい、そして、仲間との関係を断念したいと公然という人は、まわりの人から笑いものになるだろうし、自分でもこの考えを恐れるだろう。このような考えは、それ自体として考えられない。他の人にも自分自身のためにもはっきりわかりたくない考えがある。それゆえ、この考えは、正当にも無意識のままに留まったのである。

このような人に、この主要な動機を明らかにすれば、その精神構造の全体を当然乱すことになるだろう。自分の態度を保持するために、その動機を自分では明らかにしたくはないからである。妨げなければならなかったことが起こる。考えられない、あるいは考えることができず、それが意識されることが自分の企てを妨げるだろうような思考過程が明らかになるのである。人が自分の妨げになる思考を斥け、自分の立場を促進する思考を取り上げるという現象を考えると、それが、人に広く見られる現象であることがわかる。すべての人は、自分の見方と立場を促進するものしか考えないからである。それゆえ、われわれを促進するものが意識され、われわれの議論を妨げるようなものは無意識のままに留まることになる。

もう一つの例は、非常に有能な若者のケースである。彼の父親は教師で、非常に厳格に彼にいつも一番になるよう強いた。このケースにおいても、若者の優位は誰にも妨げられることはなかった。仲間内では彼は愛すべき人であり、何人かの友人もいた。

十八歳頃に大きな変化が起こった。あらゆることから手を引き、もはや何も彼を喜ばせることはなく、不機嫌になり、いらいらした。友情を結んでもすぐにそれを終わらせた。誰もが彼の生きる態度に腹立ちを覚えた。父親も例外ではなかった。しかし、父親には、息子が引きこもって生きることは、そうすることで、ますます勉学に励むことができると期待する限りは好都合だった。

治療に際して、若者は、父親が人生を台無しにしたのであり、自信も生きる勇気も奮い起こすことができない彼に残されたことは、孤立して人生を悲しみのうちに過ごすことしかない、と絶え間なく訴えた。学業での進歩も既に止まり、大学でも落第した。彼が語るところによれば、変化が始まったのは、ある時、友人といる時に、現代文学について知識がほとんどなかったことで笑われてからだという。似たようなことが、しばしば繰り返された時、いよいよ孤立し、とりわけ、あらゆる人とつきあうことから距離を取り始めた。その際、彼は失敗の責任があるのは父親であるという思考にすっかり支配された。二人の関係は、日に日に悪くなった。

二つのケースは、互いに多くの点で似ている。最初のケースでは、患者は、妹とのライバル関係で挫折した。後者では闘う関係は、父親とであった。どちらの患者も、われわれが英雄理想と名づけてきた理想をガイドラインとして持っている。二人ともその英雄陶酔から醒めてしまい、意志がくじけて何もかも放棄し、まったく引きこもってしまいたいと思ったのだろう。しかし、後の男性が、ある日、次のようにいったと考えたら、間違いである。「私はこんなふうに英雄として生き続けることはできないし、他の人の方が私より優れているので、私は身を引いて、これからの生涯をつらいものにしよう」

たしかに、彼の父親は正しくはなかった。教育もよくなかった。彼が、繰り返し強調した、悪い教育にしか注目しなかったことは目につく。しかし、彼はこの立場に立って、いつも彼が受けた教育がよくなかったということをよりどころとして、引きこもることを正当なことと見たかったのである。そのことによって、彼は今や、もはや敗北したことに苦しむことなく、自分が不幸であることの責任を常に父親に押しつけることができた。そのようにして、彼の自尊心と価値を救うことに成功した。たしかに、彼は輝かしい過去を持っていたのだが、さらなる勝利は、父親が、悪い教育によって、彼がさらに発展することを妨げたのだと彼がいう破滅的な事実によって阻止されたのである。

そのようにして、ほぼ次のような思考過程が、彼の中の無意識のままに留まることになった。「今や私は人生の前線により近く立って、一番になることはもはや容易ではないことがわかっているので、人生から退却するために全力を尽くそう」。しかしこのように考えることはできない。そのようなことをいう人は誰もいない。しかし、それにもかかわらず、このような考えを故意にもくろんだかのように行動することができる。このことを他の議論を取り上げて実行する。絶え間なく父親の教育は誤っていたということで、彼は社交と人生の決断を回避することに成功するのである。先に述べた思考過程を意識化することは、彼の密かな企てにおいて、妨げになっただけであろう。それゆえ、無意識のままでなければならなかったのである。実際、自分が能力がないとはいうことはできなかった。輝かしい過去があったからである。今や勝利を得られなかったが、彼はその責任を負うことができなかった。そこで、彼には、いわば態度によって、父親の教育がよくなかったことを証明する機会が示されたのである。彼は、一人で、裁判官、原告、被告を兼ねた。この立場を彼は放棄すべきだろうか？　彼は、自分がそれを望んでいる時、手にしている梃子を用いる間は、父親に責任があるということをよく知っていたのである。

夢

夢については、もう長らく、そこから人の精神生活への鍵を引き出すことができる、と主張されてきている。ゲーテの同時代人であるリヒテンベルク[3]は、人は人の本質と性格は、言葉や行為からよりも夢からよりよく知ることができる、といったことがある。これはおそらくいささかいいすぎであって、個々の夢は注意深く使うべきで、他の現象と結びつけて初めて解釈されるべきであるという立場に立つわれわれは、人の夢からその人の性格への鍵を引き出せるのは、夢から得られた理解を支持するものがどこか他からも得られる時だけである。

夢の考察には太古からの歴史がある。文化の発展とその没落における、特に神話や伝説におけるさまざまな契機は、われわれに、人は古代においては、現代におけるよりも夢に関わっていたことを仮定させる。また古代においては夢についてのずっと優れた理解も見られる。夢が、例えばギリシアにおいて演じた途方もない役割を思い出すといい。さらに、キケロは、夢に関する本[4]を書いたこと、また聖書においてどのように語られているか、あるいは夢が語られるだけで、誰もが直ちにそれが何を意味しているかがわかったということを思い出せばいい（例えば、ヨセフが兄弟たちに話した穀物束についての夢[5]）。まったく異なった文化基盤に立つニーベルンゲン伝説[6]からも、夢が当時は証拠としての力を持っていたことを知ることができる。

夢から人の心について知る手がかりを得ようとする時、われわれは夢の中に超自然的な介入を推定するような空想的な夢解釈の方向からは遠く離れている。われわれはただ確かめられた経験の道を行くのであり、夢から得た証拠は、仮定が他の観察から支持された時にだけ用いられる。

ともあれ、夢に未来に関する特別の意味を与えるという傾向が、今日まで保持されていることが目につく。この場合、自分の夢によって自分を導くことになるほどの夢想家にも少し言及しよう。われわれの患者の一人は、立派な仕事はすべて辞め、株の売買を好むようになってしまった。彼は、いつも自分が見た夢に従って、株を売買した。その上、夢に従わなかった時には、事態は不利なものになったといういわば歴史的な証明を持ち出すことができた。

彼が目が覚めている状態において絶え間なく注目していること以外のことは夢に見ないというこ

と、そうでなくても、いくらかは知っている時にだけ、夢の中で合図をしているということは、明らかである。そこで、彼は長い間、夢の影響で大いに儲けることになった、と主張できたのである。しかし、ずっと後になって、彼はもはや夢はまったく信じない、といった。何もかも失ってしまったのである。それは夢を見なくても起こったことであって、われわれに奇跡を信じさせることはない。なぜなら、集中して何かの仕事に取り組む人は、夜も休むことはできないからである。そのことで、ある人は、そもそも夜に眠れず、他の人は、よく眠るけれども、夢の中でも自分の計画にとらわれているのである。

眠っている間に、われわれの思考世界において非常に奇妙な仕方で行われていることは、前の晩から次の日への橋である。そして、われわれが、ある人がいつも人生に対してどんな態度を取っているか、どのように未来への橋を架けるのに慣れているかを知っていれば、その人の夢の中での奇妙な架橋の仕方を理解でき、推論できる。かくして、夢の基礎にあるのは、人生への態度である。

ある若い女性が、次のような夢を語った。夫が結婚記念日を忘れ、そのことで夫を非難したという夢である。この夢は、それ自体で、いくつかのことを暗示している。このような問題がそもそも起こりうるのは、この結婚には、この女性が自分が軽視されていると感じる方向で何か困難があることを示している。しかし、彼女も夢の中で結婚記念日を忘れた、と語った。しかし、最終的にそれを思い出したのは、彼女であって、夫は彼女によって初めて思い出されるのでなければならないのである。だから、彼女の方が優れている（ベターハーフ）である。さらにたずねると、彼女はこのようなことは、現実には一度も起こったことはなく、夫はいつも記念日を覚えている、と語った。そこで夢は、このようなことがいつか起こりうるという未来への不安をめぐって動いているということである。それゆえ、妻は、証明できない議論で批判する傾向、何か、ただ「ひょっとしたら」起こるかもしれないことで夫を非難する傾向がある、とさらに推論できる。

さて、われわれは、もしも結論を確かめる証拠を手に入れなければ、なおこの解釈が正しいか確信できない。最初の早期回想をたずねると、いつも記憶に残っている出来事を語った。二歳の時、おばから彫刻の入った木のスプーンを贈られた。それを彼女は非常に気に入った。しかし、そのスプーンで遊んでいるうちに、小川の中に落ちてしまい、流れ去ってしまった。彼女はそのことで何日も、泣き続け、そのことはまわりの人の注目を引いた。

夢に関連して次のことに注目できる。即ち、彼女は、今や再び何かが流れ去るという可能性を予想しているということである。その何かとはつまり結婚である。「ひょっとしたら」夫は結婚記念日を忘れるだろう！

別の時、夫が彼女を高いビルへと連れて昇った。階段はいよいよ急になった。あまりに高いところに昇ったのではないかと思うと、ひどい目まいがし、不安発作が起こり、気絶した。目が覚めている時に、特に高所目まいにおそわれた時には、同じことが起こる。その時には、高さの恐怖というよりも深さ（地上までの距離）の恐怖が反映されている。この夢を最初の夢と関連づけ、この夢に含まれている思考と感情の素材を融合させると、高いところから落ちるのではないかと不安に思っている、したがって、不幸を恐れているのは、この女性であるというはっきりとした印象を受ける。それが何であるか、推測できる。夫の愛情を失うというようなことである。もしも、夫が何らかの仕方で結婚に向いておらず、問題を起こしたら何が起こるだろう? 修羅場が繰り広げられ、最後におそらく死んだように気絶するだろう。実際、このことが、家庭での場面で起こった。

今やわれわれは夢の理解に近づいた。夢を見ている時にどんな素材で人の思考と感情が展開されるか、どんな素材で人が自分の問題を表現するか、表現されるのであれば、その表現に使われる素材が何かは重要でない。夢の中では、人の人生の問題は、比喩の形で現れる（あまりに深く落ちないように、あまりに高く昇るな[7]）。

われわれは、ここでゲーテの『結婚式の歌[8]』を思い出す。これは、夢の詩的な再現である。ある騎士が、国から戻ると、城が荒廃していた。疲れてベッドに横になると、夢の中で、小びとがベッドの下から出てきて、彼の目の前で小びとの結婚式が行われるのを見た。彼はその夢で気持ちよくなった。結婚しなければならないという考えを強くしているかのようだった。彼は、夢で小さい形で見たことを、やがて大きな形で行った。自分の結婚式を祝ったのである。

この夢には既に知られている要素がある。たしかに、背後には、詩人自身が結婚の問題に関わった時の回想が隠されている。夢見る人が、極度の苦境の中で、今の生きる位置に対して、どのような態度を取るか、どのように結婚を求めて叫ぶ態度決定をするかが見られる。彼は夢の中で結婚の問題に取り組み、もしも結婚するのであれば、次の日にそうするのが最善である、と決心するのである。

次に二十八歳の男性の夢を見てみよう。交互に、下へ、そして、次に再び上へと走る線は、熱曲線のように、人の精神生活を満たす運動を示している。そこには劣等感がはっきりと見られる。その劣等感から、上への、つまり優越性の追求が発しているのである。彼は次のように話した。

私はたくさんの人と旅行に出かけた。ところが、われわれが乗っていた船が小さすぎたので、途中の港で降りて、ある町で一晩過ごさなければならなかった。夜になって、船が沈むという知らせがあった。ポンプで船が沈没しないようにするために、参加者が皆呼ばれた。私は、荷物の下に高価なものを持っていることを思い出して、急いで、船へと戻った。そこにはもう皆がポンプのそばにいた。私はこの仕事をしないですまそうとし、荷物部屋を探した。私は窓からリュックサックを引き出すことに成功した。その時、私はリュックサックのそばに、私の懐中ナイフがあるのを見つけた。私は非常に気に入ったので、それをリュックサックの中にしまった。船がますます沈み出したので、私は出会った知人と一緒に人目につかないところから海に飛び込み、陸に上がったが、突堤は高すぎたので、さらに歩いて行くと、深くて険しい崖までできた。そこから降りなければならなかった。私は滑り降りた。私の知人を船を離れてからはもはや見ることはなかった。私はますます早く落ちていくので、死ぬのではないかと恐くなった。ついに下に着いたが、まさに別の知人の前に落ちた。私があまりよく知らない若者で、ストライキの時に、それを指導し非常に積極的に活動していた。私はそのことでも、また友好的なことでも彼のことが気に入っていた。ところが、彼は非難に満ちた呼びかけで、私を迎えたのである。「あなたは一体ここで何を探しているのか？」と彼はいった。あたかも私が船で他の人を見捨てたことを知っているかのようだった。私は崖から出ようとしたが、四方を壁で囲まれていた。その壁に綱がぶら下がっていた。しかし、私は、あえてそれを使わなかった。あまりに細かったからである。よじ登ろうとした時、私は何度も滑り落ちた。ついに、私は上に登った。どのようにして上に登ったかは、覚えていない。夢のこの部分を意図的に夢に見なかった。我慢できずに飛び上がりたかったように思える。上では崖の縁に通りがあり、崖に対して手すりで守られていた。ここには人が通り過ぎていて、私に親しげに挨拶した。

　この夢を見た人の人生に戻ろう。すぐにこんなことを聞いた。彼は五歳まで絶え間なく重い病気で苦しんでいた。その後もしばしば病気で寝込んだ。身体が弱かったので、心配した親に守られ、この時期、他の子どもたちとほとんど一緒にいることはなかった。大人と結びつきたいと思っても、子どもたちは出しゃばってはいけないし、大人についてはいけないと指示する両親に引き離された。早い時期から、仲間との共生に属するもの、仲間と絶えず接触することによってのみ学ばれることを逸することになった。もう一つの結末は、彼が、同年配の子どもから、いつも大幅に後れを取り、歩調を合わせることができなかったということである。そのため、彼が、同年配の子どもの間でいつも馬鹿にされ、すぐに嘲笑の的になったことは、驚くには当たらない。このことが、また、友人を求めたり、見つけることを妨げた。

　このような出来事によって、彼の並外れた劣等感は、極度に高まった。彼の教育は、人がよい、しかし、短気な軍人である父親と身体の弱い、物わかりのよい、しかし非常に支配欲が強い母親によって行われた。両親は繰り返し、自分たちの善意を強調したけれども、この教育はかなり厳格なものといわなければならない。その中で特別の役割を演じたのが、謙虚ということだった。特徴的で、子ども時代の最も早い回想としてしっかりと刻まれたのは、母親が、彼がまだ三歳の時に、三十分エンドウ豆の上に跪かせたという出来事である。彼がいうことを聞かなかったからということだが、その原因は——母親はそれをよく知っていた。子どもが理由をいったからである——馬に乗った人を怖がったので、母親のための用事をすることを拒んだということである。もともと体罰を加えられるということはめったになかった。しかし、ひとたび罰を受けることになると、いつも何本も筋の入った犬用の鞭で打たれ、後から許しを乞わなければ、決して止められることはなく、その際、なぜ体罰を受けたかをいわなければならなかった。父親はいつも「子どもに自分がしたことを知らさなければならない」といった。ある時、不当に罰せられるということが起こった。しかし、後でなぜ罰せられたか何もいえなかったので、再び打たれ、しかも何か悪いことをしたというまで長く叩かれた。

そこで、既に早くから両親と子どもの間には、戦闘的な気分があった。子どもの劣等感は、非常に強いものとなったので、上に立つという感情をまったく知らなかった。彼の人生は、学校でも家庭でも、ほとんど大きな、あるいは小さな恥辱の連続だった。どんな小さな勝利さえ——彼がいう意味での——も与えられなかった。学校では、十八歳になっても、あいかわらずただ嘲笑されるだけだった。ある時、このことが教師の側からも起こった。教師は、ひどい出来の課題を皆の前で読み上げ、ひどい言葉で嘲笑したのである。

このような出来事は、彼をますます孤立へと追い込むことになり、次第に、自分からもわざと、他のすべての人から引き下がり始めた。両親との闘いにおいては、たしかに効果的だが、彼にとっては重大な影響を及ぼす闘いの手段を思いついた。話すことを放棄したのである。そのことによって、彼はまわりの世界と結びつくための最も重要な手段を断念することになった。すぐに彼は誰とも話せなくなった。まったく孤独になった。誰からも理解されることなく、誰とも、とりわけ両親とは話さなかった。誰からも話しかけられることはなくなった。彼を他の人と結びつけようとするあらゆる試みは失敗した。後には彼がきわめてむずかしいと感じていた恋愛関係を結ばせる試みもすべて失敗した。

彼の人生は、このようにして、二十八歳まで続いた。彼の心を一杯にしていた強い劣等感は、比類のない野心、認められ、優れていることを追求することが、彼を休ませず、彼の共同体感覚は前代未聞の仕方で弱まった。話すことが少なくなればなるほど、彼の心は動かされ、昼も夜もあらゆる種類の勝利の夢で満たされた。

そして彼はある夜、先に述べた、彼の精神運動の線(9)がはっきりと反映されている夢を見たのである。最後にキケロが語っている、最も有名な予言的な夢を見てみよう。

詩人のシモニデスは、ある時、見知らぬ人の屍が道ばたに放置されているのに出会い、手厚く埋葬した。後になって、船旅に出かけようとしていた時に、夢の中でその死者が感謝して、出発したら船が難破して死ぬだろう、と警告した。そこで、彼は出かけなかったところ、出かけた人は皆死んでしまった。夢と関連したこの出来事は、注目を引き、何世紀もの間、人びとに強い印象を与えた、と報告されている。

　この出来事を解釈するのであれば、次のことを心に留めておくべきである。即ち、当時は船が沈むということはよくあったということ、さらに、多くの人が、船旅に出ることを控えるべきだという夢を見たであろうということ、そして、このような多くの夢の中で、この夢は、今見たような夢と現実の一致を示しており、この特殊性のために後世まで伝えられたということである。神秘的な関連を追及する傾向を持っている人が、このような説明をことのほか好むことは理解できるが、われわれは、冷静に次のように解釈する。われわれの詩人は、自分の身の上を案じて、おそらくはあまり旅に出る気が進まなかったのだろう。そして、決断する時が迫った時に、彼のこのためらいを正当化しなければならなかった。彼は自分に感謝してしかるべき死者を、いわば、呼び出したのである。無論、彼は船旅に出なかった。この船が実際に沈まなかったなら、世界はこの物語についておそらく何も知ることはなかったであろう。われわれの注意を引くのは、われわれを不安にすること、天と地の間には、われわれが夢を見させる以上に多くの知恵が隠されているということをわれわれに知らせることだけなのである。夢に予言的なものがあるのは、両者、即ち、夢と現実が同じ態度決定を反映したものだからである、と考えれば、理解できる。

すべての夢が、それほど簡単には理解できないということも、考えなければならない。実際、理解できる夢はわずかである。われわれは夢をすぐに忘れるか、あるいは、ある印象を後に残す時も、通常、そこに隠されていることは、たまたま夢の解釈を学んでいるのでなければ、理解できない。これらの夢に対しても、上に述べたことが妥当する。即ち、夢は、人の運動の線を比喩的、象徴的に反映するのである。比喩の主たる意味は、それが、われわれが強く共鳴する状況の中へと、われわれを導き入れるということである。問題の解決に専念し、個性が一定の方向に向いていれば、人は経験の中からその方向へとはずみをつけるものを見出す。その場合、夢は、人が問題の解決のために一定の意味で用いる感情や情熱を強化するのに非常に適している。夢見る人が、この関連を理解していないことは、重要ではない。夢見る人が素材を持っており、はずみを持っていれば十分である。そこで、夢は、夢見る人の思考活動の跡を何らかの仕方で示すだろう。したがって、夢見る人の運動の線を暗示する。どこかで火が燃えていることを示す煙のようである。経験のある人は、煙を見れば、燃えている木の種類すらわかるだろう。

　結論として、次のようにいうことができる。即ち、人の夢は、夢見る人が、人生の問題を解決しようとしているということだけでなく、この問題にどんな仕方で対処しているかを示している。特に、夢を見る人が、夢においても、現実においても、まわりの世界へ態度決定する際に影響を与える二つの要素、即ち共同体感覚と力の追求が、重要なものになり、少なくとも痕跡のうちに見ることができるのである。

知能

われわれに人の本質について推論し、それについて判断する可能性を与える現象のうちで、われわれは、今まで人間の思考の領域にあって、その認識能力に関する現象に注意してこなかった。われわれは、人が自分について何を考えるか、あるいは語るかということにほとんど価値を置いてこなかった。それというのも、誰でも間違うことはあり、利己的、あるいは、道徳的であるなどの性質の多様な関心や考慮によって、他者に向けての自分の精神的な像を修正しないわけにはいけない、と確信してのことだった。それでも、われわれは、ある思考過程とそれの言語表現から、限られた範囲においてであっても、推論することが許され、そうすることが可能である。われわれは、人について判断したい時、思考と言語の領域をわれわれの考察から除外することはできない。

さて、人の判断能力——これは一般に「知能」と呼ばれるのを常とするのだが——とりわけ、子どもと大人の知性を確かめる試みから知られるような、多くの観察、分析、検査がある。私がいっているのは、知能検査のことである。これまでこの検査は成功してこなかった。多くの生徒たちが、この検査を受ける時、結果として得られるのは、通常、教師たちが既に検査するまでもなく確かめていたことだったからである。このことの事情は、最初、実験心理学者によって特別の誇りを持って受け入れられた。もっともそのことで、そもそもこの試験がある程度余計なものであることが明らかになったわけだが。さらに、この検査を実施することに反対するもう一つの考えは、子どもたちの思考能力と判断能力は、均等に発達するのではなく、知能検査で結果が悪かった子どもたちも、数年後には知能が突然よく伸びることがあるということである。さらなる要因は、生活の範囲が広い大都市の子どもたちや、ある集団出身の子どもたちは、ある程度練習してきたことで試験慣れしているので、より才能があるように見え、そのため、このような準備ができない子どもたちをよりはるかに凌駕することになるわけである。裕福な家庭の子どもたちは、通常、八歳から十歳までは、貧しい家庭の子どもたちよりも、検査で高い点数を取れることが、知られている。しかし、このことは、前者の子どもが知能が高いということではない。違いの原因は、ただ試験を受けるまでのいきさつにあるのである。

それゆえ、知能検査は進展することはなかった。とりわけベルリンとハンブルグで示された悲しむべき結果が明らかになった時にそうだった。そこでは、知能検査でよい成績を示した子どもたちの多くが、後の教育では目立って失敗したのである。この現象は、知能検査においては、よい成績を取っても、そのことが子どもがよく成長することを保証しないことを示している。これに対して、個人心理学の探究は、はるかに成功している。個人心理学は、教育の観点を確立することだけを目指しているのではなく、その根拠、原因を把握し、必要であれば、助けになる手段を提供することを目指しているからであり、子どもの思考能力と判断能力を、その精神生活から切り離さず、それとの連関の中で観察するからである。

第七章　男女関係

分業と両性

以上の論述から、次のことが明らかになった。精神生活には、すべての精神的な出来事に影響を与え、それに作用する二つの基準が支配するということ、生の条件を確立し保証する時、また、愛、仕事、交友という三つの主要な人生の課題を成し遂げようとする時には、共同体感覚を働かせることもあれば、力と優越性を追求することもありうるということである。われわれは、どんな性質の精神現象であっても、この二つの要素の性質の関係が、互いに量と質において、どんな関係にあるのかを判断し、精神の理解に近づきたいのであれば、いつもこの方向へと探求することに慣れなければならないだろう。なぜなら、これらの要素があるということが、人がどの程度まで人間の共生の論理を理解できるか、そして、この論理によって必要とされる分業に、どの程度まで順応することができるかを規定するからである。

分業は、人間社会を維持するためには、避けることができない必要な要因である。誰もが何らかの場所で自分の責任を果たさなければならない。この要求を分かち合おうとしない人があれば、そのような人は、共同生活を、そして、そもそも、人類の維持を否定することになり、仲間としての役割から脱落し、平和の攪乱者になるだろう。そこで、軽度の場合は、無作法、乱暴、偏屈、重度の場合は、奇行、不良、後には犯罪について語られる。このような現象が非難されるのは、最終的には、共同体の生活の要求から距離があり、それと相容れないからである。

それゆえ、人の価値は、共同体の分業において人に割り当てられている役割をどのように果たすかということによって決められる。人は、共同体の生を受け入れることによって、他者にとって意味のあるものになり、社会を結びつける無数の鎖の一環になる。この多くを無視すれば、社会生活は崩壊することになる。個人の人間社会全体の生産過程における立場は、その能力によって割り当てられる。無論、ここに多くの混乱が入り込んだ。力の追求、支配欲求、さらに他のあらゆる誤りが、この分業の発展を妨げたか、あるいは、乱したからであり、また、人間の価値を判断するための誤った基礎を置いたり、あるいは、人が自分がいる立場に何らかの理由で適していないからである。あるいは、人の権力欲や誤った野心から困難が生じ、これが個人的で利己的な利害を求めて、人間の共生と分業を妨げるのである。

別の混乱は、社会の階級分裂に原因がある。個人的な力の経済的な利害が、労働領域の割り当てに影響を与え、ある社会層が、より多くの権力を得、享受できるものが多い地位を占め、他方、別の層はそこから閉め出される。力の追求が、この現象において果たしている途方もない役割を認識すれば、なぜ分業の過程が決して滑らかに進行しなかったかが理解できる。労働を、あるものにとっては特権に、あるものにとっては抑圧にするために絶え間なく介入したのは、権力だったのである。

このような分業は、また、人間が男女に分かれているということによってもなされるようになった。それは最初からその一部、即ち、女性を身体的な制限があるので、一定の仕事から除外し、他方、男性には他のことをする方が元来適しているという理由で割り当てられない仕事がある。この分業は、まったく偏見のない基準に従ってなされなければならない。女性解放運動も、興奮のあまり度を過ごさない限り、この観点の論理を受け入れてきた。この運動の目的は、女性から女性性を奪ったり、あるいは、男性と女性にふさわしい労働関係に対する自然の関係を乱すことではなかった。人間が成長するにつれて、女性が、それまでは男性に与えられていた仕事の部分を引き受けるように分業がされるようになった。そのことによって、男性は、自分の力を別のところで役立てることができるよう活用することができるのである。この分業は、それによって労働力が使われなかったり、精神と身体の力が誤用されない限り、非難することはできない。

現代文化における男性の優位

力の追求の方向へと文化が発達したことによって、とりわけ、特権を確保したい特定の個人や層の努力によって、分業は、今日、依然、支配的で影響力がある特別の方向へと向けられた。その結果、人間の文化は、男性が優位であることが強調されることになった。分業は、特権的なグループ、即ち、男性に特権が確保され、男性がその優越した地位の故に、製造過程における分業において、女性に対して、自分の意のままに、自分の有利になるように影響を及ぼすという形になっている。男性は、このことを、女性にその生き方を予め指示することによって行うが、そうすることで、男性に都合のいい生の形を押し通し、この男性の視点にまず第一に従う生の形を規定できるのである。これまでの現状では、男性の側に絶え間のない優越性の追求があり、それに応じて、女性の側には、男性が特権を持っていることへの不満が常にある。両性は緊密に結びついているので、このような緊張や、男女の身体的調和が絶え間なく動揺することは、さらなる障害へと導くことになり、そこから、両性にきわめて苦痛であると感じられるに違いない一般的な心理が、結果として生じることは、理解できる。

　われわれのすべての制度、伝統的な態度、法律、道徳、慣習は、男性が特権的な地位にあることを証言している。そのような男性の特権的な地位に従って、それらは確立され、保持されているのである。これらは子ども部屋まで浸透し、子どもの心に途方もない影響を及ぼす。われわれは、おそらく、このような連関についての子どもたちの理解を過大に評価することはできないが、子どもの感情内容には、これが深く根を下ろしていると感じないわけにいかない。そして、例えば、少女の服を着るという無理な要求に激しい怒りで応答する少年のケースのような現象が生じた時に、この連関を跡づける根拠をわれわれは持っている。このことは、またもや、別の面から力の追求の観察へとわれわれを導くことになる。

少年が認められようとすることが、ある程度まで達した時、少年はいたるところで見る男性性の特権によって保証されていると見える道を好んで選ぶだろう。まさに今日の家庭関係が、力の追求と男性の特権をより高く評価する傾向を促すことにのみあまりに適しているということは、既に言及したとおりである。子どもに力の象徴として対するのは、大抵、男性である父親だからである。父親が家へ帰ってきたり、出かけたりすることは謎に満ちており、子どもの関心を母親よりもかき立てる。子どもは、先頭に立って、指示し、あらゆることを指導する父親が持っている優越した役割にすぐに気づく。子どもは皆が父親の命令に屈し、母親がいつも父親を頼りにしている様子を見る。子どもには、どんな観点においても、男性が強く、権力があるものに見えるのである。父親があまりに基準を与えるように見えるので、父親が語るすべてのことは神聖でなければならず、自分の主張を強めるために、父親がそのことをいったとしばしばいうような子どもがいる。父親の影響がはっきりと現れていない時でも、子どもたちは、父親が優越しているという印象を受け取るだろう。家族のすべての負担が父親にかかっているように見えるからであるが、実際には、分業が初めて父親に自分の力をよりよく発揮する可能性を与えるのである。

男性が優越した地位にあるということの歴史的な起源に関しては、これは自然的な事実として現れたのではないということを指摘しなければならない。男性の支配を確立するために、最初に多くの法律が作られなければならなかったという事情が、既にそのことを暗示している。そのことは、同時に、男性の優越した地位が法律によって確立される前は、男性の特権がまったく確かなことではなかったような時代があったに違いないということを示している。このような時期があったことが、実際、歴史的に実証された。それは母権の時代だった。その時代には、生活の中で、とりわけ子どもに対して重要な役割を果たしたのは、母親であり、女性だった。当時は、一族のすべての男性が、その女性の役割に責任があった。今日でもある風俗や習慣、例えば、子どもに対して、どんな男性も「おじさん」と呼ぶ冗談めいた習慣が、そのことを暗示している。母権から父権への移行には激しい闘いがあった。それは、今日、男性が自分に自然から与えられたといっている優先権を、男性は決して最初から所有していたのではなく、それを得るためには闘わなければならなかったことを証明している。男性の勝利は、同時に、女性の屈服を意味する。そしてこのことは、特にこの屈服について雄弁な証言をする法律の生成過程に見られる。

したがって、男性の優越的な地位は、自然の出来事ではなかったのである。それは近隣の部族との絶え間ない闘いの過程の中で、必要なこととして初めて現れた。その闘いの中で、男性に重要な役割が与えられたのだが、男性はそれをついには主導権を最終的に自分のものにするために役立てた。これと並行して、私的所有と相続権も発達した。これらは、概して、男性が財産を獲得し所有する限りにおいて、男性の優位の基礎として強化するものになった。

思春期の子どもは、このテーマについて本を読む必要はない。たとえこれらのことについて何も知らないとしても、男性は獲得し特権のある側にあるという事実の作用に気づく。たとえ分別のある父親と母親が、昔から伝えられてきた特権を、対等であるために、断念する用意があったとしてもである。子どもたちに、家事をしている母親が、男性と対等のパートナーであることを明らかにするのはきわめて困難である。

子どもが、生まれた最初の日から、いたるところで男性が優位であることを目の当たりにした時に、どんな印象を持つか想像すればいい。男の子は、生まれた時に既に、女の子よりも多くの喜びを持って受け入れられ、王子として祝われるのである。親が男の子の方をほしがることはよく知られており、あまりにしばしば見られることである。男の子は、あらゆる場面で、いかに自分が男の子としてひいきされており、より高く評価されていることを感じる。その子に向けられたか、あるいは、時には耳にした様々な言葉が、何度も繰り返し、その子に男性の役割がより重要であることを悟らせる。男性原理の優越性は、家族の中の女性が価値の低いとされる仕事に使われ、ついには、子どものまわりにいる女性も、自分が男性と対等であることを必ずしも確信することなく生きているという形で、男の子に現れる。女性たちは、従属的で価値が低いように見られる役割を演じているのである。

結婚の前に、女性が男性に課さなければならない問い、即ち「文化において、とりわけ家庭の枠で、あなたは、男性の優越した男性原理にどのような立場を取るのですか」という非常に重要な問いは、大抵は、一生の間、決められない。その結果、男性と同等であることが強く求められることもあれば、程度は様々だが、一種の諦めがなされる場合もある。他面、男性、父親は、自分は男性として、より重要な役割を演じなければならないという信念を持って育ち、この信念の中で、一種の義務を感じる。そのため、男性は、人生や共同体が自分に発する問いに対して、常に男性の特権に有利なように答える。

子どもは、この関係から生じるあらゆる状況を体験し、そこから、女性の本質について、多くのイメージや見解を持つようになるが、それらにおいては、一般に女性への評価は低い。子どもの精神的発達は、このようにして、男性的な特徴を獲得することになる。子どもが力を追求する時に努力に値する目標として感じることができるものは、ほとんど例外なく男性的な特徴であり立場である。先に述べた男性的な力関係から一種の男性的徳が生じる。それが、それ自体として、まったくこの由来を示している。ある性格特徴は、「男性的」とされ、別の性格特徴は「女性的」とされる。このような評価に対して何らかの根本的な事実が正当化するわけではない。なぜなら少年と少女の精神の状態を比較し、その際、この分類に有利で見たところ確証となるものを見出す時、自然の事実について語ることはできない。このような現象を確かめることができるのは、既に一定の枠の中にあって、ライフスタイルとガイドラインが、一方的な力の判断によって既に狭められている人においてだけである。この力関係は、そのような人に、強制的な仕方で、発達を追求しなければならない場を割り当てたのである。

それゆえ、男性的な性格特徴と女性的な性格特徴を区別することは、正当ではない。われわれは、いかに両方の性格特徴が、力の追求の要求を満たしうるか、女性的な手段、例えば、従順や屈服によって力を行使できることを見ることになる。従順な子どもが、享受するという利点によって、事情によっては、従順ではない子どもよりも、より強く前に出ることができる。どちらの場合にも力の追求が働いているのだが。力の追求は、目標を達成するために、さまざまな性格特徴に訴えるので、われわれの人の精神生活についての洞察は、しばしば困難なものになる。

少年が大きくなると、男性であることの意味は、ほとんど義務になる。彼の野心、力と優越性の追求は、完全に結びついて男性性への義務とまさに一つになる。力を追求する多くの子どもは、男性であるという意識を持つだけでは十分ではなく、自分が男性であり、それゆえ特権を持たなければならないということを、次のようにすることで、示し、証明したいと思う。即ち、一方で、常に目立とうとし、その際、自分の男性的な性格特性を誇張することで、他方、まわりの女性に対して、受ける反抗の程度に応じて、暴君のように、傲慢や荒々しい怒りによって、あるいは、悪賢い狡猾さで優越性を証明しようと女性に突きかかるのである。

どの男性も特権を持った男性性という理想的な基準によってはかられるので、子どもには常にこの基準が示され、ついには自分自身をそれに照らしてはかり、自分の生き方が常に男性的であるとか、あるいは、自分自身十分男性的であるかなどと、常に自分にたずね観察するのは、驚くべきことではない。今日「男性的」ということで思い浮かべられることのすべては、よく知られている。それは何か純粋に利己的なもの、何か自己愛を満たすもの、したがって、他者よりも優れ、凌駕することである。これらはすべて、勇気、強さ、誇り、あらゆる種類の勝利、とりわけ女性への勝利、また仕事、名誉、地位の獲得と、「女性的」な動きに抵抗する態度などの一見活動的な特性の力を借りるのである。優越することは男性的であると見なされているので、個人的な優越性を求めて絶え間なく闘うことになる。

　少年は、このようにして、手本を当然大人の男性にだけ、とりわけ父親においてだけ見ることができる性格特性を身につけていく。いたるところで、この人為的に育まれた誇大妄想の跡をたどることができる。少年は、早い時期に、過剰な力と特権を求めることを目指すようにそそのかされる。これが「男性性」を意味することになる。これは悪い場合は、粗野や野蛮なふるまいになる。

　男性であることがしばしば示す利点が、大きな誘惑を意味する。少女においてもしばしばガイドラインとして男性的な理想を、到達できない憧れとして、あるいは、自分の行動を判断する基準として持っていることを見出すことがあっても驚くことはない。この理想は、行動や見られることのパターンとして現れることもある。われわれの文化においてはどんな女性も男性になりたいと思うだろう。この例には、制御できない衝動に駆られて、まさに身体の適性に従えば、むしろ少年に適しているであろうような遊びや活動を好むような少女も属している。そこで、このような少女は、例えば、あらゆる木に登り、少年の仲間となって遊ぶことを好み、女性的な仕事をすべて恥であるとして拒否する。一般的に、彼女たちは男性的な仕事にだけ満足を見出す。これらの現象は、すべて男性性の優位から由来すると理解されなければならない。われわれは、ここではっきりと、優れた地位を求める闘いや優越性の追求が、現実や人生における実際の立場よりも、どう見られるかということにより関わっているということを見る。

女性の劣等性についての偏見

男性の側から、自分たちの優越した地位を正当化するために、男性にはその立場は既に自然から与えられているという議論に加えて、大抵、さらに、女性は劣った存在であるということが引き合いに出される。女性が劣っているという見解は、非常に広く行き渡っているので、あたかもすべての人が共有しているかのようである。これに関連しているのが、男性のある種の不安である。これは、男性にとって不安の源泉だった母権に対する闘いの時代に由来しているといえるだろう。実際、われわれは、歴史と文学の中に、常にこの種の指摘にぶつかる。あるローマの作家はいっている。「女は男を混乱させるものである」[1]。教会の公会議では、女性は魂を持っているか、と活発に議論され、そもそも女性は人間なのかという問題に関する学術論文が書かれた。何世紀も続いた魔女信仰は、魔女を火炙りにしたことと共に、この問題に関するあの時代の誤りや、大きな不安や混乱について悲しむべき証言をしている。

女性は、しばしば世界におけるあらゆる不幸の原因とされる。そこで聖書で原罪が語られる時も、あるいは、いかに一人の女性の存在が民族全体を不幸へと陥れるのに十分だったかが語られているホメロスの『イリアス』においてもである[2]。あらゆる時代の伝説やメルヘンは、女性が道徳的に劣っていること、悪徳、悪意、不実、気まぐれなこと、信頼できないことを指摘している。その上「女性的軽率」は、法律を制定する時に、議論の引き合いに出される。同様に、女性は、有能さ、仕事の達成能力に関して、低い評価しか受けていない。あらゆる民族の慣用句、逸話、ことわざ、ジョークは、女性を過小評価する批判に満ちている。争いを好むこと、時間を守らないこと、些事にこだわること、愚かなこと（スカートは長いが、思慮は短い）が非難されている。

　女性が劣っていることを証明するために、非常に明晰な頭脳が動員された。このような一連の男性、ストリンドベリ、メビウス、ショーペンハウアー、ヴァイニンガー[3]、さらに少なからぬ数の女性もあげることができる。彼女たちは、諦めの中にあって、女性は劣っているという考えを受け入れ、女性に割り当てられた劣った役割を受け入れるようになったのである。女性の仕事への支払いにおいても、女性への低い評価が表されている。女性の仕事は男性の仕事と対等なのか、あるいは、そうではないのかはまったく考慮されることなく、ずっと低く評価されているのである。

　知能検査の結果を比較すると、実際、少年はある教科、例えば、数学により多くの才能を示し、少女は別の教科、例えば、語学により多くの才能を示した。事実、男性の仕事の準備になる教科では、少年が少女よりも多くの才能を示した。しかし、これは、少年がより大きな才能があるということを表面的に語っているにすぎない。少女の状況を仔細に見れば、女性の能力が劣っているという話は、本当のように見えるが、作り話であり、嘘であることがわかる。

　少女は、毎日、いたるところで、ありとあらゆる形で、少女には能力がなく、軽度の従属的な仕事にしか向いてないと聞くことになるが、子どもの時は、このことが正しいかどうかを判断することはできないので、女性が無能力であるということを、変えることができない運命であると見なし、ついには、自分でも自分には能力がないと信じるようになるということは、当然のことである。そのようにして勇気をくじかれるので、既に最初からこのような〔男性のための〕領域には、関わることができるとしても、もはや必要な関心を示さないか、失っているのである。そこで、この領域には、外面的にも内面的にも準備ができていないのである。

このような状況では、当然、女性が無能力であることの証明がされるように見える。この誤りには二つの原因がある。これは、人間の価値が、しばしば一面的に、純粋に利己的な動機に基づいて、常に仕事の観点からどれだけのことが達成されるかで判断されるということによって助長される。その観点からは、当然、業績と業績をあげる能力を、どの程度、精神の発達と関連させるかという問いを無視できる。もしも精神の発達にもっと多くの注意を払っていれば、もう一つの主要な原因をたどることができたであろう。女性は何かを成し遂げる能力が劣っているという誤った考えは、この原因に多くを負っている。しばしば見逃されていることだが、少女には子ども時代から全世界がその耳に偏見を吹き込んでいるのである。これは自分の価値を信じることや自信に揺さぶりをかけ、何か立派なことをしようとする希望を内から切り崩すことに役立つだけである。この偏見が少女の中で強化されるだけで、女性には従属的な地位だけが与えられていることを見ると、勇気を失えば、もはや何かをしようとはせず、ついには、人生の課題から後退するだろうということは理解できる。そうなれば、少女は役には立たず、無能力であると見えることになる。

しかし、われわれが、ある人を誰もがするように尊敬しないで、何かをできるという希望を打ち砕き、そのようにして、その人の勇気をくじいておいた上で、その人が何もできないのを見たとしても、その時、われわれは正しいことをしたといってはならず、われわれが不幸の全体に責任があることを認めなければならない。

そこで、われわれの文化においては、少女が自信や勇気を持つことは容易ではない。ところで、知能検査において、注目すべき事実が明らかになった。即ち、十四歳から十八歳までの少女のあるグループが、少年などの他のあらゆるグループよりも優れた才能を示したのである。調査して明らかになったのは、そのような少女は、女性も、つまり母親も、あるいはもっぱら母親だけが自立した仕事を持っていた家庭の出身だったのである。これは、これらの少女たちが、女性は仕事遂行能力が劣っているという偏見をまったく感じなかったか、あるいは、わずかしか感じなかったような状況にあったという意味である。彼女たちは、母親がその有能さによって生計を立ててきたことを、とりわけ自分で見たからである。それゆえ、この偏見と結びついているあらゆる障害にほとんど影響されることなく、ずっと自由で自立して成長できたのである。

この偏見に反対するさらなる議論は、少なからぬ数の女性が様々の領域において、とりわけ、文学、芸術、技術、医学の領域において、優れた業績をあげたということであり、その業績には男性によるものとまったく同格のものだったということである。ところで、何一つ業績をあげないばかりか、非常に能力が劣っている男性も多いので、当然、正しくはないのだが、同じ数による証拠でもって男性が劣っているという偏見を主張できることになるだろう。

重大な結末を伴う現象は、既に言及した、女性的なものはすべて劣っているという偏見が、概念を独自に二分化させるという状態である。これは習慣的に行われる。即ち、一方で、男性的ということが、価値がある、力がある、勝利するという概念と同一視され、他方で、女性的ということが、従順、奉仕、従属という概念と同一視されるのである。この思考方式は、人間の思考に深く錨を下ろしているので、われわれの文化においては、優れたものはすべて男性的な特徴を持っており、他方、価値の劣ったものや忌避されるものはすべて女性的なものと考えられている。女のようだといわれるほどひどい侮辱はないと思う男性がいることは知られている。しかし、他方、少女においては、男性的であることに不利なことは何もない。いつもこのように強調されているので、女性を連想させるものは、劣ったものと考えられるのである。

　それゆえ、多くの場合明らかに、この偏見を証明する現象は、より仔細に見れば、精神の発達が抑圧されたことの結果に他ならない。われわれは、どの子どもからも一般にいわれる意味で、才能があると見なされ、かなりの程度、何か仕事を成し遂げることができると見なされる人を作れると主張しようとは思わない。むしろ、常に、才能がないといわれる人を作る能力を信じるだろう。無論、われわれはまだそんなことをしたことはないが、他の人がそのことに成功したことは知っている。そして、今はこのような運命に少年よりも少女がしばしばあうことは容易に考えられる。われわれは、このような「才能のない」子どもが、ある日、才能のあるものとして現れるので、あたかもまさに才能のない子どもが才能のある子どもに変身したかのようなケースを見ることがある。

女性の役割からの逃避

男性の優位は、女性の精神発達に困難な障害をもたらすことになった。大抵の女性が自分の役割に満足しないという結果をもたらすことになったのである。女性の精神生活は、自分が置かれている立場のゆえに、強い劣等感を持つ人と同様の軌道と同じ前提の下で動く。女性の精神発達においては、女性は本性的に劣っていると誤って考えられた偏見が、困難にさせる要素として加わる。

それにもかかわらず、多くの少女が途上で補償を見出すとすれば、それは彼女たちの性格形成、知性に負っているが、場合によっては、さらにある特権にも負っている。しかし、そのことは、いかに一つの誤りが別の誤りを引き起こすかということを示している。この特権というのは、義務から免除すること、贅沢させること、慇懃にふるまうことであるが、これらは、少なくとも見かけ上は、女性を優遇しているように見えるが、女性は尊敬されていると誤って思わせ、ついには、ある理想化がなされることになる。しかし、理想化といっても、結局のところ、本来、この理想は、男性の得になるように作られた女性の理想なのである。ある女性[4]はかつて適切に次のようにいった。女性の徳は男性の発見である、と。

女性の役割に対する闘いにおいては、一般に、二種類の女性が区別される。一つのタイプは、既に言及した、活動的で「男性的な」方向へと向かって発達する少女である。彼女たちは、並外れてエネルギッシュで、野心があり、勝利の栄冠を得ようと努力する。兄弟や男性の仲間よりも優れようとし、男性のものとされる仕事やスポーツなどをしようとする。しばしば愛と結婚の関係に抵抗する。結婚しても、夫よりも常に何らかの仕方で優れようとするので、この関係を妨げることになる。あらゆる家事を嫌悪するが、直接に、このことを公然と口にするか、あるいは、間接的に、家事をする才能を否定したり、時には、家事には能力がないということを証明もしようとする。

　これは一種の男性性で〔男性の〕悪を補償しようとするタイプである。女性の役割を拒絶しようとする姿勢が、彼女たちのあり方の根本特徴である。時には「男みたいな女」と呼ばれることがある。しかし、そのような表現には誤った理解が根底にあるのであり、そのために多くの人は、このような少女には、生得的な要素、男性的な物質があって、それが男性的な態度を取るよう強いる、と仮定する。しかし、文化史の全体は、女性が今日も受けているような抑圧や制限は、人間にとって耐え難いものであり、反乱へと強いるのであることを示している。この反抗が「男性的」と感じられる方向を取るのであれば、この世界においては、理想的な女性になるか、理想的な男性になるかという二つの可能性しかないということの理由もその中にある。それゆえ、女性の役割からのどんな逸脱も男性的に見え、これと逆のこともいえる。しかし、ここでは神秘的な物質が役割を演じているのではなく、空間的にも精神的にも他の仕方では可能ではないのである。それゆえ、少女の精神的な成長が、どのような困難な状態でなされたかに目を留めなければならない。そこで、われわれは、人生との、また、われわれの文化の事実との、さらに、女性とわれわれの共生の形との完全な和解が、女性に男性との権利の対等がもたらされない限りは、期待することはできないのである。

　女性の第二のタイプに属するのは、一種の諦めを持って、生きていく人であり、信じがたいほどの適応、従順、謙虚さを示す人である。彼女たちは、見たところ、どこでも順応し、人と接するが、その際、何事も前に進めず、自分では何もできないのではないかと疑わなければならないような不器用さと無力さを示す。あるいは、神経症の兆候を示し、そのことは、自分が弱いこと、配慮されなければならないことを適切に見せる。そうすることで、同時に、このような訓練や圧力によって、一般に、神経症で苦しむという罰を受けることになり、社会で生きられないようになったというのである。彼女たちは、世界の中で最も善良な人だが、残念ながら病気であり、彼女たちに課せられた要求を十分に満たすことができず、まわりの人の満足を長く保つこともできない。彼女たちの屈服、謙虚、自己規制が、第一のタイプのように、このような反抗の基礎にある。その反抗は、はっきりと次のようにいっているように見える。これは喜びに満ちた人生ではない、と。

　第三のタイプは、たしかに女性の役割に満足していないのだが、それにもかかわらず、自分は劣った存在で、従属的な役割を演じるように決められているという意識に苦しんでいるように見える。彼女たちは、女性は、劣っており、男性だけが立派な仕事に就けると確信している。それゆえ、男性の特権的な立場を支持すらする。そうすることで、男性だけが有能で仕事ができ、男性のために特別な地位を要求する合唱の声を大きくする。弱いという感情をはっきりと示すので、まさにそのことを承認するように求め、支援を要求しているかのようである。しかし、この態度も、長く準備されてきた反抗の始まりなのである。このことは、結婚している女性が、自分でできるはずの仕事を、それができるのは男性だけだといってはばからず、絶え間なく、男性に押しつけることにしばしば表される。

人生の最も重要で、同時に、最も困難な課題の一つである教育は、女性は劣っているという支配的な偏見にもかかわらず、大部分が女性に委ねられている。そのことを考慮して、以上の三つのタイプが、教育者〔である親〕としてどのように現れるかを見てみよう。第一のタイプは、人生に対して、男性的な態度を取っているので、子どもたちを動かし、支配するだろう。絶え間なく罰を加え、そのようにして、強い圧力を子どもたちに加えるのである。子どもたちは、当然、このような親の圧力から逃れようとするだろう。このタイプの教育から得られるのは、最もうまくいった場合でも、せいぜい調教であり、それには何の価値もない。子どもたちは、通常、このような母親を無能力な教育者と感じる。怒鳴ったり、がみがみいったり、騒ぎ立てることは、悪い作用しか及ぼさず、少女たちは、母親を模倣するよう促され、それに対して、少年は、女性への恐れを以後の人生において持ち続けるという危険がある。このような母親の支配下にある男性の中には、女性は災いであり、もはやまったく信頼できなくなったかのように、女性を完全に避ける男性が多く見られる。このようにして、両性の分裂が続くことになる。「男性と女性の要素の悪しき分配」というような愚かなことをいう人もいるが、われわれはこの分裂を既に明らかに病的と見ている。

他の二つのタイプも、同様に、教育者としては無能である。彼女たちは、一方で疑い深くためらいの態度を取る。そこで、子どもたちは、すぐに母親は信頼できないことに気づき、母親の手には負えなくなる。母親は絶え間なく注意をしたり、父親にいいつけると脅すということを何度も繰り返して試みる。しかし、いつも男性の教育者を頼りにすることで、自分の育児では有効な成果を上げるとは信じていないことを暴露することになる。かくて、彼女たちは、あたかも男性だけが有能であり、それゆえ、教育においても男性が不可欠であるという自分の見方を正当化することが自分の課題であるかのように、教育においても、そこから退却する線に目を留めるのである。あるいは、この女性は何もできないと感じて、そもそも育児を拒否し、そうすることで、教育の責任を男性や家庭教師に転嫁してしまうのである。

少女においては、女性の役割についての不満が、極端に現れることがある。彼女たちは、特別の「より高い」理由から、例えば、修道院に入るとか、あるいは独身主義と結びつく仕事に就くというような仕方で、人生から退却してしまう。彼女たちも、女性の役割と和解できず、彼女たち本来の仕事を準備することを放棄するようになるような人である。また多くの少女が、すぐ仕事に就こうとすることも見られる。その理由は、彼女たちには、仕事をすることによって自立することで、早く結婚するようにいわれないようにするための防壁に見えるということである。このような態度決定において、またもや、伝統的な種類の女性の役割を拒否することが、推進力になっていることが示されている。

それゆえ、彼女たちが結婚した場合でも、即ち、女性の役割をすすんで引き受けたと考えられる場合でも、しばしば、結婚が決して必ずしも女性の役割との和解とは考えられてはいけない場合がある。現在、三十六歳の女性が、このことの典型的な例である。彼女は種々の神経症状を訴えて受診した。彼女は、年を取った夫と非常に支配欲の強い妻との結婚から生まれた第一子だった。非常に美しい少女だった母親が年のいった夫と結婚したという事情が、既に、この結婚に際しては、女性の役割への嫌悪が関与し、夫の選択に影響を及ぼしたであろうことは容易に推測できる。両親の結婚はあまりうまくいかなかった。妻が大声をあげるという仕方で発言の主導権を握り、他の人がどう感じようが、自分の意志を押し通した。年配の夫は、すぐにあらゆる機会に隅に追いやられることになった。娘が語るところによると、母親は、しばしば父親が時に休むためにソファに横になるのも許さなかった。母親は常に自分が定め、皆が不可侵のものとして見なさなければならない原則に従って、家族を管理しようと努めた。

　われわれの患者は、非常に有能な子どもとして成長し、父親に甘やかされた。母親は、それに対して、娘に満足せず、常に敵対者だった。後に男の子が生まれた時に、母親はその子にずっと多くの関心と愛情を向けたので、関係は非常に耐え難いものになった。父親は他の点ではいいかげんで母親のいいなりだが、娘のことになると実に激しい抵抗をすることができた。少女は、この父親が支えとなることを意識して、母親と頑固な闘いを続け、母親を憎むまでになった。

　その際、少女のお気に入りの攻撃目標は、母親が潔癖であることだった。母親の些事へのこだわりは極端なものになり、例えば、家事手伝いの女性がドアの握りに触れたら、後でそれを拭わなければ許さないまでになった。〔ところが〕少女は汚くして、だらしない格好で歩き回り、何でも汚すことをおもしろがった。

要は、母親が期待するのと反対の性質だけを発達させたのである。このような事情は、性格は生得的なものであるという仮説のはっきりとした反証となる。子どもがこのような母親が死ぬほど怒らなければならないような性格だけを発達させる時、意識的な、あるいは、無意識的な計画が基礎にあるだろう。闘いは、今もなお続き、これほど激しい敵意は考えられないほどである。

少女が、八歳になると、ほぼ次のような状況が支配した。父親はいつも娘の側につき、母親はいつも険しい、怖い顔をして、とげとげしい言葉で非難し、娘は小生意気に当意即妙に、途方もない機知で母親のあらゆる努力を封じたのである。さらに悪いことに、母親のお気に入りであり、甘やかされてもいた弟が、心臓弁膜症になり、そのために、母親の弟への心配がさらに強いものになった。子どもたちをめぐる親のこのような努力がかみ合ってないことを見よ。この少女が成長したのは、このような関係の下でのことだった。

そうこうするうちに、彼女が神経の病気になった。誰にも説明できず、本当に苦しんでいるように見えた。母親にどんなことも邪魔されていると思いこむまでになった、母親に向けられた邪悪な思いに苦しむことになったのである。ついに彼女は、突然、宗教に没頭したが、成果はなかった。しばらくすると、この考えは消えた。何か薬のせいだとされたのだが、おそらく、母親が少し守勢に立たされたからだろう。しかし、一つ残ったことがあった。雷を激しく恐れるようになったのである。少女は雷雨になったのはよこしまなことを考えたからであり、いつか自分にとって不幸なことになる、と思いこんだ。子ども自身が既に母親に対する憎しみから解放されようと努力しているのがわかる。子どもはこのように成長していったのだが、それでも、美しい未来が待ち受けているように見えた。ある時、女性教師の発言が彼女に特別の印象を与えた。その教師は、この少女は望みさえすれば何でもできるだろう、といったのである。この言葉はそれ自体としては意味はないが、この少女には、意味があったのである。何かをやり遂げようと思うならばできる、という意味である。このように理解したので、母親に対する闘いをさらに激しいものにすることになった。

思春期になると、彼女は美しい少女に成長し、結婚できる年になると、求婚する人が多く現れた。しかし、言葉使いがきついので、何度も繰り返し結婚の可能性は壊れた。近くには年のいった男性しかいないということになった。彼女はこの男性にことのほか引かれている、と感じたので、まわりの人は、彼女が彼と結婚するのではないか、と恐れた。しかし、この男性も、しばらくすると、彼女のもとから去り、二十六歳まで求婚する人はなかった。このことは彼女が属していたグループでは非常に目立ったことだったが、説明することはできなかった。この少女の来歴を知らなかったからである。子どもの時代から母親に対して激しい闘いをしてきたので、彼女は協調性のない、喧嘩早い人になったのである。闘うことでだけ彼女は勝ち誇ることができた。少女は、母親の態度によって刺激され、常に勝利を追い求めるようになった。激しい口喧嘩を最も好んだ。そこに彼女の虚栄心が示された。彼女の「男性的な」態度は、相手に勝てるような遊びだけを好んだということによって知ることができた。

今や二十六歳になった彼女は、非常に尊敬に値する男性と知り合った。彼は彼女の争い好きをものともせず、真剣に求婚した。彼は非常に謙虚でへりくだっているようにふるまった。親戚が彼と結婚するように迫ったが、繰り返し、彼を非常に嫌っており、彼と結婚してもうまくいかない、と説明した。彼女の性格を知っていれば、このように予言することは、無論、困難なことではなかった。二年間抵抗した後で、とうとう結婚することを承諾したが、彼を奴隷にし、望むことは何でもできる、と確信していた。密かに、彼女にあらゆることにおいていつも譲歩した彼女の父親のいわば第二版を見出すことを希望していた。

　すぐに誤っていたことが明らかになった。結婚数日後に、部屋で夫がパイプをくわえ、くつろいで新聞を読んでいる姿が見られたのである。彼は毎朝職場に出かけ、食事時にきっかりと帰ってきた。食事がまだできていなければ文句をいった。夫は清潔であること、優しいこと、几帳面であることを要求した。これらは彼女の考えでは想定していなかった不当なことばかりだった。関係は、彼女と父親との間とは、まったく違ったものになった。

　彼女の夢はすべて破れた。彼女が要求すればするほど、夫は彼女の願いを実行しなかった。そして、夫が彼女に主婦としての役割を果たすように注意を喚起すればするほど、いよいよそういうことは見られなくなった。その際、夫にそのような要求をする権利をそもそも持ってないということを思い出させることを止めなかった。なぜなら、彼女は彼にはっきりと好きではない、といっていたからである。しかし、そのようにいってみても、彼の態度が変わることはなかった。彼はさらに容赦なく要求したので、将来に対して暗澹とした見通しを持った。正直で義務感に貫かれた夫は、我を忘れた陶酔の中で、彼女に求婚したが、彼はすぐに確かに所有したと思いこむと、その陶酔は消えてしまった。

二人の間にある不調和は、彼女が母親になっても何一つ変わることはなかった。彼女は新しい義務を引き受けなければならなかった。その際、彼女の母親との関係は、息子の夫を精力的に味方にしたので、いよいよ悪くなった。家の中で絶え間なく激しい闘いが行われたので、夫が時々不機嫌になり、無遠慮にふるまったとしても、そして、妻がそのことで時折正しいと認められても、少しも不思議ではなかった。夫の態度は、彼女が愛想がなく、女性の役割と和解できなかったことの結果だった。彼女は元々、いつも女主人として、彼女のあらゆる欲求を満たすような奴隷のそばで生涯過ごしてこの役割をもてあそべる、と考えていたのである。人生は、彼女にとって、そのような条件が満たされれば、可能であると思えた。

彼女は今や何をすべきだろう？　離婚して、母親のところへ帰って、負けたと説明すべきだろうか？　もはや自立することはできなかった。そのための準備はできていなかったのである。離婚することは、彼女の誇りや虚栄心を傷つけることを意味しただろう。生きることは彼女にとって苦痛だった。一方で、夫はあらゆることを批判し、他方で、母親は重装備をしていつも清潔ときちんとしているように説教した。

そして、突然、彼女は清潔になり、きちんとするようになったのである。一日中、洗濯をし、掃除し始めた。彼女は、ついに、母親が常にいって聞かせてきた教えを理解したように見えた。母親は、最初は、優しく微笑んでいたかもしれないし、夫も突然妻が絶え間なく箱にしまったり、出したりして、きれい好きになったことをある程度は喜んだかもしれない。しかし、どんなことにもやりすぎるということがある。そして、そのことが、この場合にも起こったのである。彼女は長い時間、洗って磨き上げ、ついにはもはや家中に糸一本もなくなった。その際、誰もが彼女が片付けようとするのを邪魔し、同様に、他の人が片付けようとするのを彼女が邪魔するという形で熱心であることを示した。彼女が何かを洗い、誰かがそれに触ると、もう一度洗わなければならなかったし、そうすることができるのは彼女だけだった。

　このいわゆる洗濯病は、非常によく見られる現象である。このような女性は、皆女性の役割に反対して闘っているのであり、そのようにすることで、一種の完全性を誇って、日頃あまり頻繁に洗わない他者を見下そうと試みているのである。この努力は、無意識に家庭を崩壊させることをねらったものだった。しかし、その際、まさにこの女性の家庭ほど汚れている家庭は他にはなかった。彼女にとって重要なのは、清潔さそのものではなく、彼女が引き起こした妨害なのである。

　女性の役割との実際の和解が、大抵、見かけ上のものでしかないことを示す事例は多い。この女性は、そもそも友人を持たず、誰とも外出せず、思いやりがないということを聞く時、そのことは彼女にふさわしい。

　文化が次の時代にしなければならないことは、人生とよりよく和解するように少女を教育することである。なぜなら、これらのケースで見られたように、この和解そのものが、しばしば最も好ましい状況の下でも、達成されていないからである。われわれの文化においては、現実には女性が劣等であるということはなく、洞察力のある人は皆否定しているが、しばしば法的にも伝統的にも維持されている。それゆえ、われわれの社会のこの秩序の誤った仕組みの全体を認識し、それに対して闘うために、このことから絶えず目を離してはならない。しかし、例えば、こうしたことのすべてを、病的なまでに誇張された女性に対する尊敬からするのではなく、このような状態が、われわれの社会生活を否定するからである。

この連関でさらにもう一つの現象に言及しなければならない。これもしばしば女性を貶めて批判させることになるからである。いわゆる「危険な年齢」である。これは、五十歳頃に現れ、ある性格特徴が鋭くなるというような心の変化を伴う。それは身体の変化にも作用して、女性は次のように考え始めるようになる。即ち、かろうじて主張されてきたが、どっちみちわずかなものしかなかった価値の最後の残りも、今や、完全に失われるであろう時がきたという思いである。懸命の努力をして、自分の地位を獲得し、主張することに役立つことは何もかも、この時期に危うくなることを経験するという条件の下で、確保しようとする。われわれの今日の文化においては、支配的な行動原理に従って、総じて、老いていく人にとって状況は悪いので、このことは、高齢の女性にはさらに当てはまる。

老いていく女性が価値を低く見られるということで被る損害は、同じようにして、あらゆる人が、人生がもはやなにものをも生み出さなくなった時に経験する。人が人生の力に満ちた時期に成し遂げたことは、力を失った時も、貸し方に記入されなければならないだろう。ただ年がいっているからという理由で、人が精神と物質の領域から閉め出されることは正しいことではない。これは老いていく女性にはまさに侮辱である。思春期の少女が、自分にもいつかやってくるこの時期をどんなに不安な思いで考えるかを想像すればいい。五十歳で女性であることが消えるわけではない。この時期の後も、さらに、人間としての価値は減ることなくあり続けるのであり、保持されなければならない。

両性間の緊張

これらすべての現象の根底にあるのは、われわれの文化の誤りである。これがひとたび偏見に浸透されれば、その誤りはいたるところに入り込み、あらゆるところで見られることになる。そこで女性が劣っているという偏見と、それと連関した男性が優位であるという偏見も、絶えず男女の調和を乱す。その結果、途方もない緊張が生じ、それは特にあらゆる愛の関係にも入り込む。そして、あらゆる幸福の可能性を絶えず脅かし、多くの場合、それを破壊する。われわれの愛の生活の全体は、この緊張によって毒され、枯渇し、荒廃する。ここには調和の取れた結婚はめったに見られず、子どもたちが、結婚は非常に困難で危険なものであると考えて成長することの理由がある。

先に述べたような偏見や、それと似た種類の思考過程は、多くの場合、愛について真に理解することを妨げる。結婚を一種の非常口と見なしている多くの少女、結婚に必要悪しか見ない男女のことを考えればいい。この男女の間の緊張から生じた困難は、今日、非常に大きなものになった。その困難は、子ども時代から自分に押しつけられた役割を拒否するなどの傾向が強ければ強いほど、男性においては、特権的な役割を演じたいという欲求が、そこに潜むあらゆる不条理にもかかわらず、強ければ強いほど、それだけ大きなものになるのである。

　両性が和解し釣り合いが取れていることの特徴は、仲間であるということである。まさに男女関係において、従属は、国家間の関係と同様、耐え難い。このことから男女に生じる困難や重荷は非常に大きいので、誰もがこの問題に注目するべきだろう。この領域は途方もなく広いので、あらゆる人の生を包括するからである。それゆえ、人の生が非常に複雑であるのは、われわれの文化が、子どもに、人生における態度を異性と対立するように選ぶように強いているからである。

　冷静な教育は、おそらく、困難を終わらすことができるだろう。しかし、われわれが性急であること、真に確立された教育原理がないこと、とりわけ、われわれの人生全体における競争心は、子ども部屋の中にまで入り込み、ここで既に、後の人生のための方向線を与えられることになる。それゆえ、愛の関係に入ることを多くの人に怯ませる恐れは、あらゆる状況で、狡知や「征服」によっても、自分の男性性を証明することが、男性の課題になったことから起こる。

　このようなことは、愛における率直さと信頼を破壊する。ドン・ファンは、たしかに自分でも十分男性的であることを信じていないのである。それゆえ、征服することで絶えず新たに男性的であることの証明を求めるのである。男女の間で支配的な不信は、どんな信頼も崩してしまい、全人類がそのことに悩んでいる。男性性という誇張された理想は、要求、絶え間ない刺激、永遠の不安を意味し、そこから生じるのは、人間の共生の自然的な条件に反している虚栄心、自己賛美、特権的な地位の要求だけである。

われわれは、自由と同権を求める婦人運動のこれまでの目標に反対するいかなる理由も持っていない。われわれは、むしろ、さらに力強く支持しなければならない。人類全体の幸福と生きる喜びは、最終的には、女性が女性の役割と和解することを可能にする条件が創り出されること、そして、また、男性が女性との関係の問題をいかに解決するかということにかかっているからである。

改善の試み

男女間のよりよい関係を切り拓くためにこれまで行われてきた試みの中で、ここでは共学が最も重要なこととしてあげられるだろう。この制度には、異論がないわけではなく、反対する人も賛成する人もある。後者は、この制度の主たる利点として、男女がこのようにして適切な時期に知り合う機会を持つということ、そのことで、有害な結果を伴った不正な偏見が生じることを最も防ぐことができることをあげる。共学に反対する人は、少年と少女の間の対立は、既に学校に入る時には、しばしば非常に強く、少年が抑圧されていると感じるので、共学においては、さらにそのことを強く感じるということをさらなる論拠として持ち出す。このことは、この時期の少女の精神発達は少年よりもずっと早いということ、そこで少年は、彼らの特権の重みのすべてを負い、自分の方がより有能であることを証明しなければならないが、今や突然、自分の特権は、現実を前にして消え失せるシャボン玉でしかないという認識の前に立たされることと連関がある。少数の研究者は、共学においては、少年は少女に対して不安になり、自尊感を失うことを確認したという。

　このような認識や議論において何か正しいことがあることは疑いえない。しかし、この議論は、共学を、有能なものという勝利の栄冠を目指して男女が競争するという意味で理解する時にだけ、確実なものになる。共学が、教師と生徒によって、このような仕方で理解されると、当然、それは有害なものになる。そして、共学をよりよく理解する、即ち、共学は、将来男女が共同して行う課題に対する男女による共同作業のための訓練であると理解する教師がいなければ、また、このような理解を〔教育の〕仕事の基礎にする教師がいなければ、共学の試みは常に失敗するだろう。共学に反対する人は、失敗のうちに、自分たちの立場の確証を見るだろう。

　ここで詳細なイメージを持つためには、詩人の構成力が必要だろう。主要な点を指摘することで満足しなければならない。先に叙述されたタイプとの連関は常にあり、多くの人は、ここでもまた、劣等器官を持って生まれてきた子どもたちについて述べた時と同じような思考過程を思い出すだろう。思春期の少女たちも多くの場合、劣っているかのようにふるまう。そして、彼女たちに、劣等感の補償についていわれたのと同じことが当てはまる。違いは、少女たちは劣っているという思いこみが、外からも持たされるということだけである。彼女たちの人生は、この軌道へと深く引き込まれたので、洞察力のある研究者も時折この偏見の影響を免れない。この偏見の一般的な作用は、男女とも、最終的には、威信を求める駆け引きの渦に巻き込まれて、担いきれない役割を演じるということである。この役割は、彼〔女〕らの無邪気な人生を複雑にし、彼〔女〕らの自然な関係を奪い、偏見で満たし、その前では幸福の見通しは消えてしまう。

第八章　きょうだい関係

既にしばしば言及したことだが、人がどんな状況で育ったかを知ることは、人を判断する際に重要である。子どもがきょうだい順位の中で占める位置は、特別の種類の影響を与える。この観点からも、人を分類でき、十分な経験があれば、第一子なのか、単独子なのかなどを知ることができる。人は元来既に長い間、末子は特別のタイプであるということを知っていたように見える。このことは、無数の童話、伝説、聖書の物語からわかる。それらの中で、末子は、同じような仕方で現れ、語られているのである。実際、末子は、他のすべての子どもとはまったく違った状況の中で育つ。彼〔女〕らは両親にとって特別な子どもである。一番年下の子どもとして特別の扱いを受けるのである。末子は、同時に、最も小さい者として、したがって、他のきょうだいが既に自立し終わり、成人した時も、一番保護を必要とする。それゆえ、大抵、他のきょうだいよりも、暖かい雰囲気の中で成長する。この状況から、末子には多くの性格特徴が生じてくる。それが、彼〔女〕の人生への態度決定に特別の仕方で影響を与え、そこから特別の個性を形作ることになる。ここにさらに一見したところ矛盾しているように見える状況が加わる。いつも最も小さい者として見られ、何も信頼されず、何も任されないということは、どの子どもにも好ましい状況ではないのである。そのことは、子どもに非常に刺激を与えるので、大抵は何でもできるということを見せようと努める。末子の力の追求は、激しいものになる。そこで末子は最善の状況しか満足せず、他のすべての人よりも優ろうとする努力が自分の中で発達する。このような人には、人生において非常にしばしば会う。

他のすべての人よりも優ろうとし、きょうだいよりはずっと多くのことを成し遂げる末子もいる。悪いケースは、このような努力もしたが、年上のきょうだいとの関係のために、必要な活動性と自信を持たないタイプの末子である。もしも末子が他のきょうだいに優ることができないならば、自分の課題を恐れ、臆病で尻込みし、常に課題を回避する口実を探そうとするということが起こる。野心が減るわけではない。この状況から逃げ出し、野心を人生の課題から離れた場所で満足させ、自分の能力の問題を試さなければならない危険を回避させるような種類の野心を獲得するのである。

多くの人は、既に気づいたであろう。末子は、通常、自分の権利が制限されているかのように、そして、劣等感を持っているかのようにふるまうのである。われわれは、この感情を調査の際にいつも確かめることができた。そして、この苦痛に満ち、不安にさせる感情から精神発達の大きな飛躍を引き出すことができた。この意味で、末子は、劣等器官を持って生まれてくる子どもに似ている。実際にそのようなケースである必要はない。実際に劣っているか、客観的にどうであるかは、重要ではなく、どう感じているかが重要なのである。われわれは、また子どもの人生において誤りを犯すことは非常に容易であることを知っている。われわれは子ども時代においては、多くの問い、可能性、結果の前に立つのである。

教育者はどうふるまうべきか。例えば、このような子どもの虚栄心を煽ってさらなる刺激を呼び起こすべきか。このような子どもが、常に一番であろうとすることをただ前面に押し出すことは、人間の生活にとっては、あまりにつまらないことであろうし、経験はまた、われわれに、人生においては一番になることは重要ではないことを教える。ここでは誇張していうのがいいだろう。一番の者などいらない、と。そのような人の前で、われわれはそもそも既にうんざりしている。歴史やわれわれの体験を見ると、一番になることには祝福は与えられないことを確かめなければならない。このような原理は、子どもを一面的にし、とりわけ、優れた仲間にはしないのである。第一の結果は、大抵、子どもは自分のことしか考えず、他の人が自分よりも先んじるかどうかばかりを考えるからである。嫉妬と憎しみの感情を発達させ、いつも一番であるかどうかという不安を発達させる。末子は、そのきょうだい順位によって既に始めから早く走る人であり、他の人すべてを追い越そうとする傾向がある。彼〔女〕の中の競争者は、あらゆるふるまいの中に現れるが、大抵は些細なことにおいて現れるので、この精神生活全体の連関を知らなければ、通常は目立たない。そこで、これらの子どもたちは、常にグループの先頭に立つか、あるいは、誰かが自分の前に立つことに耐えられないのである。競争心は、末子の大多数にとって特徴的である。

末子のこのタイプは、しばしば傑出しており、非常に純粋ではっきりとした特徴を持って現れる。しばしば、この中には行動的な人がいる。このような人は、時には家族全体の救済者にまでなることがある。過去を振り返って、聖書の物語、例えば、ヨセフ伝説[1]を観察すれば、これらすべてのことが、ここで最もすばらしい仕方で、あたかも、かの伝説の作家が、今日われわれが非常に苦労して獲得した知識を完全に持っているかのように描かれている。たしかに何世紀もの時が経過する中で、多くの価値のある素材が失われたが、今やそれを繰り返し新しく見出さなければならない。

それと並んで、第一のタイプから二次的に形成されるさらに別のタイプがある。この短距離走者は、突然、障害にぶつかると、それを克服できるとは信じず、回り道をする。このような末子が、勇気を失うと、考えうる最もひどい臆病者になる。そうなると、常に後退し、どんな仕事も負担になり、どんなことにも口実を見つけようとするようになり、何事も思い切ってしないで、時を空費する。大抵のことを拒否し、そもそも、どんな競争も既に始めから閉め出されている場所を苦労して探すようになる。自分の失敗には、弱すぎるとか、無視されていた、あるいは、甘やかされてきたとか、きょうだいが彼〔女〕を成長させようとしなかったなど、ありとあらゆる口実を持ち出す。本当に障害を持っているのなら、このような運命は、もっと悪いものになるだろう。その時、逃亡の口実のためにそれをまさしく利用するだろう。

この二つのタイプは、大抵、よい仲間ではない。最初のタイプは、もちろん、競争がまだ何らかの仕方で価値を持っている場合は、うまくいく。このタイプは、他の人を犠牲にして均衡を保つのである。他方、第二のタイプは、一生の間、劣等感という抑圧された感情と人生に和解できないことに苦しむことになる。

　第一子もはっきりとした特徴を持っている。とりわけ精神生活の発展にとって優れた立場にあるという利点を持っている。第一子が常に特別の、有利な立場を持っていることは、歴史からも知られている。多くの国民と国民階層において、この有利な立場は伝統的に保持されている。例えば、農家では第一子が既に子ども時代から、いつか家を継ぐという自分の使命を知っていて、そのことによって、いつか生まれ育った家を出ていかなければならないという気持ちで育つ他のきょうだいよりも、はるかによい状況にいる。他の多くの家庭においても、第一子の息子がいつか一家の主人になる、と予想されている。一般市民やプロレタリアートの家庭のように、この伝統が重要でないところでも、第一子には少なくとも力が強く賢いことが期待されるので、助力者や監督者にさせられる。このようにして、まわりの人の信頼のすべてを絶え間なく担うことが、子どもにとって何を意味するかを想像することができる。それは、彼の中に、およそ次のような思考過程と気分を創り出す。お前は他のきょうだいよりも大きく、強く、年上だ、だから賢くなければならない、などである。

　発達がこの方向に妨害なく進めば、第一子には、秩序の保護者として特徴づけられる性格特性が見出される。このような人は、力に対して——自分の個人的な力に対しても、力の概念の評価においても——独自の高い評価をする。力は、第一子にとって、何か自明で、重要で貫徹しなければならないものである。このような人が、通常、保守的な性格特性も持っていることも見落としてはならない。

　第二子にも、力と優越性の追求が独自のニュアンスで見られる。いわばすぐにでも出航する準備が整っていて、過剰に優位であることを求めているのである。そして、態度にも競争を見ることができ、競争するということが、第二子のライフスタイルになる。第二子は、誰か力のある人が自分の前にいることを強い刺激と感じる。自分の力を伸ばし、第一子と競争を始める状況にあると、通常、激しい勢いで先へと突き進む。他方、第一子は、力を持っているので、他のきょうだいが今にも手に負えなくなるようになるまでは、比較的安全であると感じている。

　この状況は、エサウとヤコブの伝説[2]に生き生きと描かれている。ここでわれわれは絶え間ない闘いを見る。これは事実として力があることではなく、力があると見えることを目指しているが、目標を達成して前にいる第一子よりも優るか、あるいは、闘いに敗れて、しばしば神経症へと行き着く退却が始まるまでは、抑えることはできない。第二子の気分は、無産階級の嫉妬、即ち、冷遇されているという圧倒的な気分に比べられる。第二子の目標は、非常に高く設定されるので、一生の間、そのことに苦しみ、人生の真の事実を理念や虚構や無価値な見せかけのために見失った結果として、内的な調和が失われる。

　単独子も、特別の状況の中にいる。彼〔女〕らはまわりの人による教育のなすがままである。親はいわば選択の余地がなく、教育の熱意のすべてをもって、このただ一人の子どもを独占するのである。そこで、まったく自立できなくなり、いつも誰かが道を示すのを待ち、絶えず支えを求める。多くの場合、どんな困難にあうことにも慣れていない。誰かがいつも困難を片付けてきたからである。単独子はいつも注目の中心にいるので、自分が何か特別なものであるという感覚を容易に持つ。その立場は非常に困難なものなので、誤った態度決定をすることはほとんど避けることはできない。無論、親がこの状況の意味や、それにどんな危険があるかを知っていれば、多くの危険を防ぐ可能性はあるが、しかしそれでも困難な状況は依然として残る。

　人生そのものを特別に困難なものであると感じ、それゆえ、過剰な注意をして事を進めるのは、しばしば、非常に注意深い親である。このことが、多くの場合、子どもには強い圧迫に感じられる。絶えず子どもの無事を心配することは、世界は敵対的であるという考えを容易に起こさせる。そこで、子どもは、いつも自分の前にある困難に対しては、訓練も準備もなしに不安を感じて成長する。人生の快適な面だけを味わってきたからである。このような子どもは自立して行動することに困難を感じ、人生には不向きになるだろう。容易に失敗する。そのような子どもの人生は、しばしば、パラサイト（搾取者）の生き方に似ている。パラサイトは、他の人が彼〔女〕のために万事を心配しなければならないのに、自分はただ楽しんでいるのである。

　何人かの同性あるいは異性のきょうだいが、互いに競争するいろいろな組み合わせが可能である。個々のケースを判断することはそれだけ困難になる。とりわけ困難なのは、数人の少女の中のただ一人の少年の状況である。このような家では、女性の影響が支配的であり、少年は、大抵、背景に強く押しやられている。とりわけ、末子はそのようであり、すぐに閉鎖的な集団に対立していることを知る。彼の認められたいという衝動は、それを確かめようとする時に大きな障害に出会う。あらゆる面から攻撃され、われわれの遅れた文化が男性に与える特権を十分意識することなく、不安になるだろう。怖じ気づき、時には、男性の立場を女性よりも弱いと感じるまでになる。彼の勇気と自信は容易に揺らぐか、あるいは、この棘が激しく作用して、偉大な業績を奮起して行うようになる。両方のケースが同じような状況から生じている。子どもが最終的にどうなるかは、当然、より仔細な状況によって条件づけられる。しかし、おそらく、そこに共通した特徴が見られないことはない。

われわれは、子どもが生まれ持ってくるもののすべてが、いかに子どもの位置によって形作られ色づけられるかを見る。このことを確かめることによって、とりわけ教育活動にとってことのほか有害な遺伝学説が無効にされるように見える。無論、遺伝の影響の作用が疑いもなく確かめられるように見える連関やケースがある。例えば、まったく親と関係を持たないで〔離れて〕成長する子どもが、それにもかかわらず、似たような、あるいは、同じ種類の特徴を示す時などである。しかし、そのことについての奇異の感は、子どもの成長におけるある種の誤りがどれほど同じような仕方で起こりうるかということであるかということを思い起こせば、ただちにより優れた理解に取って代わられる。例えば、身体的に虚弱なものとして生まれてきた子どもは、器官が弱いので、ちょうどおそらく同じように弱い器官を持って生まれてきた父親の場合のように、環境からの要求との関係において、緊張が呼び起こされる。このような観点においては、性格特性は遺伝するという学説の根拠は、非常に薄弱であるように見える。

先に述べたことからも、成長する子どもが曝される誤りの中で、他の人よりも優れたいと思い、他の人と比べて自分が有利でいられるような力のある地位を得ようとする誤りが、最も重大な結果を招くことがわかる。このわれわれの文化において当然だと思われている考えが人の心を捉えれば、人はほとんど同じように発達することを強いられる。これを防ごうとするならば、困難を認識し、理解しなければならない。そして、われわれにあらゆる困難を乗り越えさせる統一的な観点があるとすれば、それは共同体感覚を発達させる観点である。このことに成功すれば、すべての困難は取るに足らぬものになる。しかし、われわれの時代においては、このための機会はほとんどないので、この困難は大きなものになっている。このことを認識すれば、その時、一生の間、ただ生きるために汲々とし、生きることが非常に困難であるような人があまりに多いことを見出したとしても、われわれにはもはや驚くべきことではない。そこで、われわれは、そのような人が、誤った発達の犠牲者であり、それゆえ、人生への態度決定も誤っていることを知らなければならない。

われわれは、それゆえ、判断する時に謙虚でなければならない。とりわけ、道徳的な判断、即ち、人の道徳的価値についての判断を決してしてはならないのである。われわれは、むしろ、このことについての知識を活用しようと努め、これまでとは違ったふうに接しなければならない。われわれは今や人の内面をずっとよく理解できるからである。教育にとっても、重要な観点が現れる。誤りの源泉を知ることは、われわれに多くの働きかけの可能性を与えるからである。われわれは、人の精神的な発達を観察することによって、われわれの前にいる人について、その過去だけではなく、未来をもその一部をその人と共に見ることができる。そうすることで、人はわれわれにとって初めてまさに生きたものになる。単なるシルエット以上のものになるということであり、われわれは、人の価値について、われわれの文化においてしばしば見られるのとは違った判断をすることができるのである。

訳注

序論

（1）前五世紀、ギリシアの歴史家。

（2）思惟経済は、リヒャルト・アヴェナリウスとエルンスト・マッハによって提唱された。人はできるだけ多くの事実をできるだけわずかな思惟労力で記述しようとするが、アドラーに影響を与えたヴァイヒンガーはこの二人の考えを生物学的認識論として括り、人は与えられたデータを経済的に生きることに役立つよう消費すると説明する。ライフスタイルはまさにそのために身につけられるものであり、それによってすべて生の事実ではなく必要なことだけが受け入れられるのである。

第一章

（1）シラーの『群盗』第一幕第二場からの引用。ただし、若干、言葉は違う。

第二章

（1）若い日に社会主義に強く惹かれたアドラーにとって、マルクス、エンゲルスの与えた影響は計り知れない。医学を通じての人類変革の現実的な方法を教える、と考えたのである。後に、政治改革による人類救済を断念、以後、育児と教育によってのみ個人の改革は可能である、と考えるようになった。

（2）アドラーの長年の友人で、アドラーが社会改革の手段として教育改革が重要であると考えるようになったことには、フルトミュラーに負うところが大きい。

第四章

（1）ゲーテが一七八二年に作詞。嵐の夜半に子どもをかかえ父親が馬を駆る。子どもは魔王の声を聞こえるというが、父親は否定する。最後、子どもは父親の腕の中で息絶える。

第六章

（1）原文ではただ Groß と書いてあるが、Karl Groos のことだろう。グロースは、遊びは本能的な行為であり、重要な仕事をするための訓練、機能の発達のために役立つという。

（2）ドストエフスキーの代表作の一つ。ここに引かれているエピソードは、第四編七節に出てくる。

（３）リヒテンベルク（一七四二〜九九、Lichtenberg, George Christoph）

（４）『国家論』の一部として位置づけられる『スキピオの夢』。夢の中で会ったスキピオの祖父が、二年後に孫がカルタゴに勝利する、と語る。

（５）ヨセフが、畑の中で束を結わえていると、自分の束が起きて突っ立ち、兄たちの束がまわりによっておじぎをしたという夢（『創世記』三七章）。

（６）ライン川を擁するブルゴント国の王、グンテルの妹であるクリームヒルトが、ある日、美しい鷹が殺される夢を見た。

（７）アドラー『教育困難な子どもたち』（岸見一郎訳、アルテ、二〇〇八年）一〇三ページ参照。

（８）一八〇二年。

（９）アドラー『個人心理学講義——生きることの科学』（岸見一郎訳、アルテ、二〇一二年）九七〜八ページ参照。

第七章

（１）イギリスの詩人、チョーサー（一三四〇頃〜一四〇〇）が、『カンタベリー物語』の中で、このアドラーがラテン語で引いている言葉を、故意に誤った意味で使っている。

（２）ホメロスの『イリアス』において描かれているトロイア戦争は、スパルタの王妃であるヘレネがトロイアの王子パリスに誘拐されたことに端を発する。

（3）ストリンドベリ（一八四九～一九一二）はスウェーデンの劇作家・小説家、メビウス（一八五三～一九〇七）はドイツの神経科医。ショーペンハウアー（一七八八～一八六〇）はドイツの哲学者、ヴァイニンガー（一八八〇～一九〇三）はオーストリアの哲学者。このうち、ヴァイニンガーは『性と性格』において激しい女性憎悪を表明している。

（4）フランスの作家、ジョルジュ・サンド（一八〇四～七六）。

第八章

（1）ヨセフは、兄たちの反感を買って奴隷として売られたが、後にエジプトの高官となり、飢饉の時に、兄と父を助けた（『創世記』三七章以下）。第六章注（5）も参照。

（2）ヤコブとエサウは双子の兄弟。ヤコブは、父のイサクを騙し、エサウになりすまし、相続権を手に入れる（『創世記』二六～七章）。

解　説

本書は、Adler, Alfred. *Menschenkenntnis*, Frankfurt am Main, Fischer Taschenbuch Verlag, 1973（Original: 1926）の第一部を訳出したものである。

本書について

序言にあるように、アドラーがウィーンのフォルクスハイム（国民集会所）で行った講義がもとになっている。このフォルクスハイムは、オーストリアの初めての成人教育センターであり、アドラーは、ここで一九二〇年に初めて公開講義を行った。

当時、ウィーンでは、社会民主党が実権を握り、労働者のためのアパート建設、無料診療所の設置、学校や社会施設の充実をはかり、「赤いウィーン」と呼ばれる革新的な市政が行われていた。とりわけ、社会民主党が力を入れていたのが教育改革で、アドラーが、ウィーンに児童相談所網を作ったのも、この改革の一環だった。フォルクスハイムは、アドラーが最初の講義を行った二十年前に、アドラーの友人で社会主義の教育者のカール・フルトミュラーらによって設立された。今や、ウィーンの市政を掌握した社会民主党の指導者が、教育は、労働者の民主主義の支えであると考え、フォルクスハイムでの政治や歴史から、文化、女性問題、心理学までの広範なテーマに関する講義を奨励していたのである[1]。

アドラーの講義は、表向きは労働者階級の大衆を対象にしていたが、大学生や知識人も数多く出席していた。しかし、基本的には講義を聴講した人の多くは専門家ではなかったので、アドラーは、常にそのことを念頭に置き、専門用語を極力使わなかった。

もっとも専門用語を使わないということは、アドラーが創始した個人心理学そのものの特徴でもある。というのも、アドラーは、かつてウィーン大学で教えることを強く願っていたにもかかわらず、その願いが叶わなかったので、ウィーン大学医学部のいわば知的エリート主義への反発が常にあったように見えるからである。アカデミズムの外で生きることになったアドラーは、診療所を高級住宅街ではなく、下町に構えた。そこに診察にくる人たちは皆貧しくて、時に治療費を取らないこともあった。そのようなアドラーにとって、フォルクスハイムでの開かれた講義は刺激的なものであり、持てる情熱と力を惜しみなく注いだ。

本書は、後に英語に訳されて、アメリカで出版された[2]。アドラーの英語圏において最初に評判を得た本である。活動の拠点をウィーンからアメリカに移したアドラーが、一九二八年の冬、ニューヨークに到着する頃には、前年の秋に出版されたこの英訳本は、早くも二刷に入り、ついにはミリオンセラーになった。

しかし、今日の視点からすると、決してハウツー本ではない本書が好評を博したのは、「正確にアメリカの傾向を読んだ[3]」出版社の巧みで積極的なマーケティングの力にだけよるものとは考えられない[4]。まず、読者は専門用語がほとんど使われていないことにすぐに気がついたであろう。これは、先に見たように、本書がウィーンのフォルクスハイムにおける講義を基にしたものだからである。しかし、それだけではなく、何よりも本書に語られている思想内容そのものが受けいれられたのでなければ、アメリカでの成功は考えられない。

汝自身を知れ

『パブリッシャー・ウィークリー』の一九二八年一月号に次のような全面広告が掲載された。

「あなたは劣等コンプレックスを持っていますか？　不安ですか？　臆病ですか？　横柄ですか？　従順ですか？　運命があるのを信じていますか？　隣人を理解していますか？　自分自身を理解していますか？　一夜を自分自身と共に過ごしなさい。自分自身の内側を見つめる冒険をしなさい。時代の最も偉大な心理学者の一人が、あなたが正しい場所で正しいことをする手助けをしましょう[5]」

自分や他の人について知ること（人間知、Menschenkenntnis）は、誰もが関心を持つことである。このコピーは、本書を読むことで、そのことが可能になることを期待した人の注意を引いたであろう。アドラーは、人間の悩みはすべて対人関係の悩みである、といっている[6]。なぜなら「人が個人として生きる前に、共同体があった[7]」からであり、その意味で、対人関係から離れた人は考えられないのである。そこで、対人関係の悩みを解決するためには、人間知は不可欠であり、その知の内実は他者との関係から離れたものではない。また、育児をしている親は、子どものことを知らなければ、適切に対処することはできないだろう。対人関係を解決するという目的のためには、人間知は、言葉の本当の意味で実践的でなければならず、生きることの現場からあまりにもかけ離れていては学ぶ意味がないのである。アドラーが、人間知は、本からは得られず、実践的に習得される、といっているのは、このことを念頭に置いてのことである（一四頁）。

このコピーからわかるように、本書には、自分を知ることはいかに難しいかということ、さらに、他者が自分を知ることを援助することがいかに難しいかということが、症例をあげながら強調されている。

アドラーは『子どもの教育』の中で次のように書いている。

「人間の本性について大いなる理解をしたソクラテスの言葉『自分自身を知ることはなんと困難なことであろう』という言葉が、数千年の間、私たちの耳に鳴り響いている[8]」

実際、アドラーがいうように、ソクラテスは、「私は、あのデルポイの社の銘が命じている、自分自身を知るということがいまだにできない」といっている[9]。

ここでいわれるデルポイの社には「汝自身を知れ」というアポロの神託が掲げられていた。ソクラテスの取り巻きの一人が、ソクラテスほど賢いものはいないという神託を受け、自分は何も知らないと思っているソクラテスが、それに反論すべく、知者と呼ばれている人の間をめぐって問答をしたことはよく知られている。その結果、人から知者と呼ばれ、自分でもそう思っていた人が、実は、何も知らないことが明らかになったのである。

このようなことは、知者を自認する人にだけ起こることではない。普通、人は自分のことを知っているとは思ってないだろうか？　なにしろ、人のことではなく、他ならぬ自分のことなのだから。他の人のことはどうだろう？　子どものことは親である私が一番知っていると親はいう。そうなのだろうか？

パウロは、「私は自分がしていることがわからない。なぜなら私は自分が欲することは行わず、かえって自分の憎むことをしているからである」といった[10]。パウロによれば、人は自分が憎むこと、自分が欲してはいないことをするということになる。憎むとまではいかなくても、自分ではあることをしようと思っているのに、実際にはそれとは反することをしてしまうことがある。そんな時、自分のことなのに自分のことがわからないと思うだろう。

他の人についても、例えば、子どもが理想的に従順で親のいうことを拒んだり、反抗することがなければ、親は子どものことを知っていると思えるが、このようなことがいつまでも続かないことは、子どもと関わった人であれば誰でも知っているだろう。そんな時、思うのだ。私はこの子のことがわからない、と。

何についての知が問題なのか

では、ここで問題となっている知とはどのような知のことか？　一体、何を知れば、自分や、あるいは、他の人を知ったことになるのだろうか？

端的にいえば、「なぜ」あることをいったか、または、したかという問いにおける「なぜ」を知った時である。アドラーは、この「なぜ」という問いへの答えとして、「目的」を妥当する答えと見るのである。というのも、アドラーによれば、人間の思考と行動を含めた広い意味での運動は、機械的、あるいは、因果的なものではなく、行為についていえば、それに先立って「目的」が立てられる。仔細に観察すれば、人の思考や行動には、そのようにして立てられた目的や目標に向けての一貫した運動が見られるのであり、アドラーは、それをライフスタイルと呼んでいる。「なぜ」という問いは、この目的を問うものである。

ところが、通常は、「なぜ」と問われた時に、目的ではなくて、原因を答えてしまう。例えば、神経症の人は、その神経症の目的を知らない。自分の育った環境や親の育て方を原因としてあげることはあっても、通常、その症状が何を目的にしているかということは考えたこともない。それゆえ、「なぜ」という問いから目的を答えとして引き出すことは難しく、それを可能にするためには、治療者の適切な援助が必要である。

さらにいえば、神経症の人が病気の原因を答えることにも目的があるのである。アドラーが本書において症例を通じて明らかにしているように、目的についての真相を知りたくはないからである。

原因であれば、まわりの人も自分も、なるほどそれだけの理由があればしかたないと思えるかもしれないが、実は、立ち向かわなければならない人生の課題から逃避することを正当化することが神経症の目的であるとは、認めたくないのである。これが「なぜ」と問われて、目的ではなく、原因を答えることの目的である。

また、原因は、言動の真の原因にはなりえない。なぜなら、同じ原因から同じことが帰結するとは限らないからである。即ち、同じ経験をしても、誰もが同じようにならないということであるが、人によって違う結果が生じるようでは、後に見るが、個々の人については、一見（と、アドラーならいうだろう）、行動や症状などの原因として妥当するが[11]、同じ原因が他の人には妥当しないのであれば、一般性、普遍性が要求される科学にはなりえない。

個別知と一般知

ところで、アドラーは自らが創始した個人心理学を科学だという[12]。それでいながら、アドラーは「人は人生を始めるにあたって、必ず他の誰とも異なった人間としての可能性、発達の可能性」を持っている、という[13]。目的や目標に向けての一貫した動きをライフスタイルということを先に見たが、そこには、ある法則があって、人生の早い時期に採られたこの法則は、人によってテンポ、リズム、方向が違う、という[14]。したがって、同じライフスタイルは、二つとしてない。このようなアドラーの一人一人異なったライフスタイルを持った個人の独自性への関心は、個人心理学が科学であるということと相容れるのだろうか。

私は、もともと哲学が専門なのだが、学生の頃、たしかに心理学の本も読んだのである。しかし、その時、私は思った。私は、〈この〉私について知りたいのであって、私の〈ような〉人について知りたいわけではない、と。アドラーの著作に触れ、〈この〉私について知ることができるのではないかという予感を強く持つまでに二十年も待たなければならなかった。

本書でも問題にされているように、例えば、第一子は、かくかくしかじかの性格であるというタイプに当てはめてみても、この私のことについて知ったことにはならない。この私は必ず一般化されたタイプをはみ出すだろう。

科学は、一般的な、あるいは、普遍的な知を扱う。個人についてその個々のケースを探求するのは、一般的な意味で科学とはいえないだろう。しかし、一般知を扱う科学であれば、〈この〉私について知ることはできない。アドラーが、個人心理学は科学であるという時、個別のケースを扱いながら、なお、一般や普遍に関わる科学を構想したのである。

アドラーは本書でもいくつかの症例を引いているが、もしも、それらが、個別の例でしかなければ、その人について知ることはできるとしても、他の人にも当てはまる知を症例から引き出すことはできないだろうし、症例を理解することが、私について知ることには結びつかないだろう。その症例は、特定の人にのみ当てはまるものだからである。アドラーが求めた知は、カントがいう「主観的普遍性」に相当するだろう。個人的でありながら、その個人的なことが普遍性を持つような知である。

アドラーは、経験のない治療者が「あなたには共同体感覚がない」とか「あなたには他者に関心がない」あるいは「劣等感がある」などのいい方をして患者に個人心理学の理論を教えることを批判している。これは有害以外の何ものでもない、としてアドラーは、次のようにいう。

「本当の説明は明解であり、患者がその説明によって直ちに自分自身の経験を感じるのでなければならない[15]」

経験を感じられるためには、治療者が語る言葉が一般的なものに終始するのではなく、一般的でありながら、かつ、患者に即した、個人的で具体的な話でなければならないのである。このような話であれば、それを聞いた時に、「自分自身の経験を感じ」、自分のことがわかったと思えるだろう。

目的を知る

アドラーは人が絵を描こうとする時の例を引いて次のように論じている。その人は、絵を描くことに属するあらゆることを無条件の首尾一貫性を持って行うだろう。「しかし、その人には、そもそもこの絵を描かなければならない必然性があるのか？」（一一六頁）

この必然性は、石が落下するような自然科学の必然性ではない。今のケースでは、人は絵を描かないという決断をすることも可能である。この決断は、ある目的を目指して行われるのである。筆の使い方がいかに精緻に解明されても、それだけでは絵を描いている人のことをわかったことにはならない。「なぜ」この絵を今、描こうとしているのか、その必ずしも、意識されているとはいえない目的が明らかになった時こそ、その人は、「私のことがわかった」と思えるのではないか。

アドラーは次のようにいう。

「人がどこからくるかということしか知らなければ、どんな行動が人を特徴づけるか知ることは決してない。しかし、どこに向かっていくかを知れば、どちらに踏み出すか、目標に向けてどんな行動をするか予言することができる[16]」

先に見たように、思考や行動にはそれに先立って目的が立てられる。思考や行為について知るというのは、この目的を知ることである、とアドラーは考えるのである。

この目標に至る道、目的を達成する方法は、人によってさまざまである。あるいは、目標や目的を決める際に、その決定に影響を与える要因は人によって違う。女性として生きることや（第七章）、きょうだい関係などである（第八章）。そこに個人の独自性を見ることができる。しかし、この目標や目的については、ある程度、一般化することができる。ただし、目標、目的によって一般的なタイプを個人の違いを無視して当てはめることは行き過ぎであり、アドラーもそのことの問題はしばしば指摘している。

むしろ、当てはめることができるタイプが個人の違いに先行してあるというよりは、人によって異なる運動を仔細に見極めることで、その人が目指す目標、目的がわかるのである。

必ず変われる

このように、意識されていなかった目的を知ることが、自分を知るということである。しかし、ここで終わるわけではない。このような知は、ただ分析するためだけのものではないからである。アドラーは「ただそれ自体のためにあるような学問は、人間知ではない」（一四頁）。自分を知ることにも目的がある。それによって人が変わるためである。アドラーは、自分を知ることと、自分を変えることはいかに難しいことか、といっているが（一七頁）、不可能なことではない。先に引いたアドラーの言葉にあるように、人がどこに向かっていくかを知れば、次にどんな行動をするか「予言」できるのである。しかし、人はこの目標を今は無意識なものであっても、[17]本来的には自由意志で選んだのである。目標は固定したものではないから、ひとたび目標が意識化されれば、その目標を変えることができる。あるいは、目的を達成するために目下行っていることが、そのために有効なのかどうかを検討できるのである。

先にパウロの「私は自分がしていることがわからない。なぜなら私は自分が欲することは行わず、かえって自分の憎むことをしているからである」という言葉を引いた。自分が欲していること、これが、今問題にしている目標や目的に相当するのだが、パウロは本当に自分が欲していることが何かという洞察にいまだ到達していない、と見ることができる。ここでは詳論の余裕はないが、目標や目的にはヒエラルキーがあって、究極の目標は「ためになる」という意味での善である。人は誰も自分のためにならないことを欲しない。この善こそが究極の目標であって、それを実現するための目標が立てられる。しかし、往々にして、善の実現に貢献しない副次目標が誤って立てられるのである。[18] アドラーは、治療は知的な方法によってのみ、即ち、誤りの洞察を増すことによってのみ成し遂げられる、という。[19] 真に知れば、人は必ず変わることができる。

謙虚であること

他の人が自分を知る、つまりは、行動などの目的について知ることを援助するという場合、治療者や教育者が注意しなければならないことは、アドラーが強調するように、謙虚であることである。まず、既に見たように、タイプを当てはめないようにすることである。次に、もしも治療者が目的を指摘しても、患者がそれを認めなければ、そこで終わりなのである。自分でわかってないだけだなどといってはいけない。必ず、カウンセリングは治療者と患者との協力作業である。第三に、治療者が自分が優秀であることを誇示するためにカウンセリングをしてはならないということである。

自分自身についていえば、自分のことであるが、あるいは、自分のことであるからなおさら自分は自分のことを知らないということを知っていなければならない。先に引いたアドラーの言葉を今一度引くと、「人間の本性について大いなる理解をしたソクラテスの言葉『自分自身を知ることはなんと困難なことであろう』という言葉が、数千年の間、私たちの耳に鳴り響いている」。よく知られているように、ソクラテスは、自分は何も知らない、といったのである。

アドラーは本書の序論を次の言葉で始めていることに、注目したい。

「人間の本性について知るためには、不遜であったり、傲慢であってはならない。そのためには謙虚さがなければならない」（九頁）

アドラー・セレクションの三冊目である本書が成ったのは、多くの人のお力添えのおかげである。就中、野田俊作先生の長年にわたるご指導に、また、アドラー・セレクションを企画し、毎回、細かいところまで丹念に原稿を読んでくださるアルテの市村敏明さんに感謝したい。

二〇〇八年三月十九日　五十二回目の誕生日に

岸見　一郎

注

（1）ホフマン、エドワード『アドラーの生涯』岸見一郎訳、金子書房、二〇〇五年、一五六～七頁。

（2）Adler, Alfred. *Understanding Human Nature*, Translated by Walter B. Wolfe. New York: Greenberg, 1927.

（3）ホフマン、前掲書、二六一頁。

（4）アメリカで好評を博すことになった背景などについては、ホフマン、前掲書、第十四章「アメリカへ再び」に詳しい。

（5）*Publishers Weekly,* Vol. 115, January 28, 1928, p.347.

（6）アドラー、アルフレッド『個人心理学講義——生きることの科学』岸見一郎訳、アルテ、二〇一二年、一六頁。

（7）本書三四頁。以後、本書からの引用は本文中に明記する。

（8）アドラー、アルフレッド『子どもの教育』岸見一郎訳、アルテ、二〇一三年、二四頁。

（9）プラトン『パイドロス』229e.

（10）『ローマ人への手紙』七章一五節

（11）アドラーは「見かけ上の因果律」という表現をする（アドラー、アルフレッド『生きる意味を求めて』岸見一郎訳、アルテ、二〇〇七年、四頁）。

（12）アドラー『個人心理学講義』九頁。

（13）アドラー、アルフレッド『生きる意味を求めて』岸見一郎訳、アルテ、二〇〇七年、一二〇頁。

（14）アドラー、前掲書、三〇頁。

（15）アドラー、アルフレッド『人はなぜ神経症になるのか』岸見一郎訳、アルテ、二〇一二年、八四頁。

（16）Adler, Alfred. "Character and Talent," *Harper's Monthly Magazine,* Vol. 155, 1972, p.66.

（17）アドラーがいう無意識は、「抑圧された無意識」ではなく、「理解されないもの、理解を免れているもの」である（アドラー『生きる意味を求めて』七頁）。

（18）詳しくは、岸見一郎『アドラーを読む』アルテ、二〇〇六年、九〇～二頁を参照。

（19）アドラー『生きる意味を求めて』一四八頁。

◆著者

アルフレッド・アドラー（Alfred Adler）

1870年―1937年。オーストリアの精神科医。1902年からフロイトのウィーン精神分析協会の中核的メンバーとして活躍したが、1911年に学説上の対立から脱退した。フロイトと訣別後、自らの理論を個人心理学（Individualpsychologie, individual psychology）と呼び、全体論、目的論などを特色とする独自の理論を構築した。ナチズムの台頭に伴い、活動の拠点をアメリカに移し、精力的な講演、執筆活動を行ったが、講演旅行の途次、アバディーンで客死した。

◆訳者

岸見　一郎（きしみ　いちろう）

1956年、京都府生まれ。京都大学大学院文学研究科博士課程満期退学（西洋哲学史専攻）。専門はギリシア哲学、アドラー心理学。著書に『アドラーを読む』『アドラーに学ぶ』（ともにアルテ）、訳書にアルフレッド・アドラーの『人生の意味の心理学』『個人心理学講義』『生きる意味を求めて』『子どもの教育』（以上アルテ）などがある。

人間知の心理学〈新装版〉――アドラー・セレクション

2008年6月20日　初　版第1刷発行
2021年5月15日　新装版第1刷発行

著　者　アルフレッド・アドラー
訳　者　岸見　一郎
発行者　市村　敏明
発　行　株式会社　アルテ
〒170-0013　東京都豊島区東池袋2-62-8
BIGオフィスプラザ池袋11F
TEL.03(6868)6812　FAX.03(6730)1379
http://www.arte-book.com
発　売　株式会社　星雲社
（共同出版社・流通責任出版社）
〒112-0005　東京都文京区水道1-3-30
TEL.03(3868)3275　FAX.03(3868)6588
装　丁　Malpu Design（清水良洋）
印刷製本　シナノ書籍印刷株式会社

ISBN978-4-434-28967-5 C0011 Printed in Japan